Island fotografieren –

Der Foto-Reiseführer zu den schönsten Motiven

Martin Schulz

ISLAND FOTOGRAFIEREN

Der Foto-Reiseführer zu den schönsten Motiven

2., aktualisierte und erweiterte Auflage

Martin Schulz

Lektorat: Boris Karnikowski
Copy-Editing: Petra Kienle, Fürstenfeldbruck
Satz: Anna Diechtierow/Birgit Bäuerlein
Herstellung: Stefanie Weidner
Umschlaggestaltung: Anna Diechtierow, unter Verwendung von Bildern des Autors
Druck und Bindung: Grafisches Centrum Cuno GmbH & Co. KG, 39240 Calbe (Saale)

Bibliografische Information der Deutschen Nationalbibliothek
Die Deutsche Nationalbibliothek verzeichnet diese Publikation in der Deutschen Nationalbibliografie; detaillierte bibliografische Daten sind im Internet über *http://dnb.d-nb.de* abrufbar.

ISBN:
Print 978-3-86490-767-8
PDF 978-3-96088-947-2
ePub 978-3-96088-948-9
mobi 978-3-96088-949-6

2., aktualisierte und erweiterte Auflage 2020

Wieblinger Weg 17
69123 Heidelberg

543210

Meiner geliebten Frau Alice,
ohne die all dies nicht möglich wäre.

Meinem geliebten Sohn Erik,
der mich die Welt mit anderen Augen
sehen lässt.

MARTIN SCHULZ

Seit vielen Jahren bereist der Fotograf Martin Schulz Island und kennt die Insel, ihre Schönheit und die versteckten Winkel sehr genau und zu jeder Jahreszeit.

Der Kern seiner fotografischen Arbeit ist die Landschaftsfotografie. In seinen Bildern möchte er die Schönheit der Erde festhalten und diese zusammen mit seinem Respekt und seiner Bewunderung für unsere Natur teilen. Seine stimmungsvollen und faszinierenden Bilder finden Sie auf seiner Website *www.martin-schulz.photography/*.

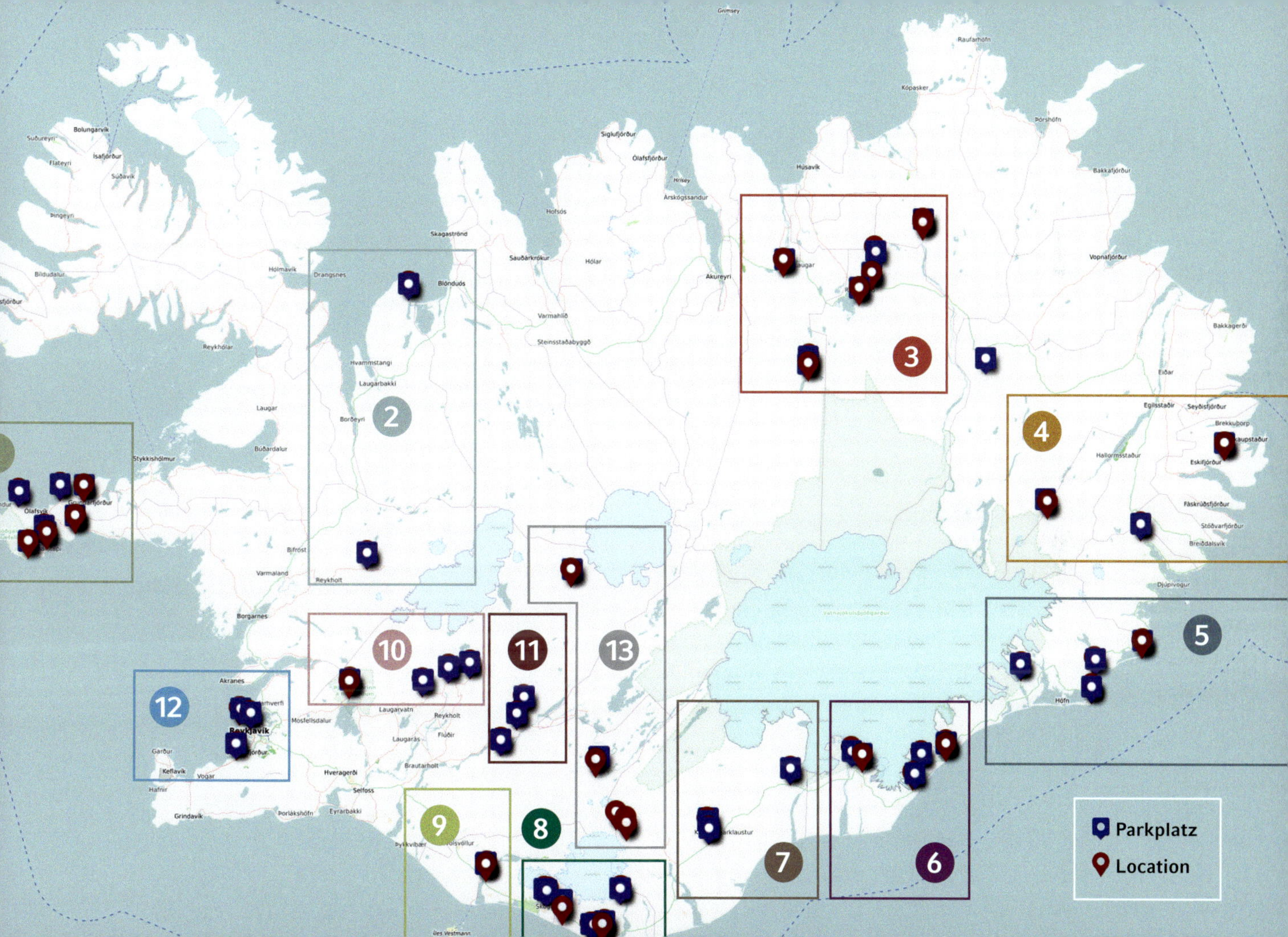

Parkplatz
Location
2
3
4
5
6
7
8
9
10
11
12
13
Reykjavík
Akureyri
Húsavík
Blönduós
Sauðárkrókur
Siglufjörður
Ólafsfjörður
Ísafjörður
Bolungarvík
Stykkishólmur
Borgarnes
Akranes
Keflavík
Grindavík
Selfoss
Hveragerði
Höfn
Egilsstaðir
Seyðisfjörður
Vopnafjörður
Raufarhöfn
Kópasker
Þórshöfn
Bakkafjörður
Grímsey

INHALTSVERZEICHNIS

Einleitung

Island – Insel aus Feuer und Eis. Aktive Vulkane, schwimmende Eisberge neben weiten Lavafeldern und schwarzen Stränden, steil abfallende Küsten und beeindruckende Wasserfälle. Island ist das Land der Gegensätze. Auf gerade einmal 103.125 km^2 finden sich Landschaften, die unterschiedlicher und extremer nicht sein könnten.

Noch vor einigen Jahren war Island ein wahrer Geheimtipp für Fotografen. Das Entdecken der Landschaft glich einem wahren Abenteuer ohne geteerte Straßen und Wege und manch mühsamer Fußweg war nötig.

Mittlerweile haben Reiseunternehmen die kleine Insel für sich entdeckt und der Tourismus ist zu einem der wichtigsten Wirtschaftszweige geworden. Die Infrastruktur der kleinen Insel wurde immer weiter ausgebaut, so dass mittlerweile viele der schönsten Plätze bequem mit dem Auto zu erreichen sind. Und doch reichen schon wenige Meter zu Fuß, um jenseits der Touristengruppen die Natur in Ruhe genießen und fotografieren zu können.

Da die Besucherzahlen der kleinen Insel im Norden Europas nach wie vor steigen, befindet sich das Land in einem stetigen Wandel. Parkmöglichkeiten und sanitäre Anlagen werden immer weiter ausgebaut, stark begangene Wege befestigt. Zum Schutz der Natur und der Besucher werden gefährliche Bereiche beschildert und abgezäunt. Um die dabei entstehenden Kosten aufzufangen, haben private Landbesitzer vereinzelt begonnen, Eintrittsgelder oder Parkgebühren zu erheben.

Oft sind diese Gebühren stark umstritten und es vergehen Monate bis zu ihrer tatsächlichen Erhebung. Ich habe Ihnen in diesem Buch alle aktuell kostenpflichtigen Sehenswürdigkeiten gekennzeichnet, Veränderungen sind hier aber jederzeit möglich.

Fotografisch hat Island durch all dies nicht an Reiz verloren. Gerade bei einem ersten Besuch finden sich an jeder Ecke unentdeckte Motive und Plätze, die einen Stopp wert sind. Und auch die bekannteren Plätze lassen sich – wenn man sie zur richtigen Tages- und Jahreszeit aufsucht – menschenleer und atemberaubend schön einfangen.

Seit meinem ersten Besuch vor zehn Jahren haben mich Island und seine Natur in ihren Bann gezogen. Trotz meiner gut 20 Besuche hat die Insel nie an Reiz für mich verloren. Zu viele Orte gibt es zu entdecken, zu unterschiedlich sind die Lichtstimmungen der verschiedenen Jahreszeiten. Island schafft es immer wieder, mich zu erden und mir zu zeigen, wie klein man als Mensch auf dieser wunderschönen Erde doch ist und welch großen Respekt man vor unserer Natur haben sollte. All dies erlebe ich seit vielen Jahren gemeinsam mit meiner Frau, die mich in all meinen fotografischen Arbeiten unterstützt und fördert.

Dieses Buch soll Ihnen die Schönheit Islands und meine Begeisterung dafür ein wenig näherbringen und Ihnen dabei helfen, zur richtigen Zeit am richtigen Ort zu sein, um mit dem geeigneten Equipment die Lichtstimmungen einzufangen, die Sie aus den bekannten Fotomagazinen kennen.

REISEPLANUNG …

Gute Planung ist die Grundlage einer jeden schönen und erfolgreichen Reise.

Island ist ein sehr sicheres Reiseziel mit einer äußerst geringen Kriminalitätsrate, so dass Sie keine Bedenken Ihre Sicherheit betreffend haben müssen. Ich habe in den zehn Jahren, die ich nun dieses Land schon bereise, keine einzige negative Erfahrung diesbezüglich gemacht.

Gleichwohl ist Island kein günstiges Reiseziel. Unterkünfte, Essen, Alkohol und vor allem Mietwagen kosten weit mehr, als man in anderen Ländern dafür bezahlen würde. Wer dennoch die Kosten auf einem vernünftigen Niveau halten möchte, der kann den folgenden Abschnitten einige Tipps entnehmen.

Um eine möglichst effektive Reise zu erleben, habe ich mich seit meinem zweiten Island-Besuch dazu entschlossen, nicht jede Nacht das Hotel zu wechseln und somit von Unterkunft zu Unterkunft zu fahren, sondern immer mehrere Nächte an einem strategisch günstigen Ort zu verbringen. Somit entfällt das ständige Kofferpacken und Sie müssen nicht zu einer bestimmten Zeit in Ihrer nächsten Unterkunft einchecken, sondern können sich ganz auf das Fotografieren konzentrieren und immer zur besten Zeit am richtigen Ort sein. Zudem ist ein Tag mit schlechtem Wetter nicht ganz so schlimm, da sich an den darauffolgenden Tagen ja noch einmal die Möglichkeit der Fotografie an den Orten in der Nähe der Unterkunft bietet. Dieses Buch ist daher auf diesem System aufgebaut.

... UND WIE IHNEN DIESES BUCH DABEI HILFT

Jedes der Kapitel besteht aus einzelnen Touren, die zwar räumlich zusammenhängen, die Sie aber in freier Reihenfolge kombinieren können. Welche Ausgangspunkte – meist zur Übernachtung – sich dafür anbieten, erläutere ich Ihnen jeweils zu Beginn. Vor jeder Tourbeschreibung finden Sie außerdem eine Auflistung der wichtigsten Eckwerte: von der geeignetsten Tages- und Jahreszeit bis zur empfohlenen Bekleidung und schließlich die GPS-Koordinaten für den Parkplatz und die eigentliche Location. Diese Koordinaten sind auch als QR-Codes am Seitenrand abgelegt. Wenn Sie auf Ihrem Smartphone neben Google Maps auch einen QR-Reader installiert haben, bringt ein Scan der Codes Sie direkt nach Google Maps und Sie können sofort losnavigieren. Übrigens: unter *https://www.dpunkt.de/island-fotografieren* können Sie eine Bonustour durch Islands Hochland als PDF herunterladen.

FLÜGE

Die Kosten für einen Flug nach Island können je nach Startflughafen und Fluglinie stark variieren.

Günstige Flüge können Sie vor allem mit WOW air ab Berlin, Frankfurt a. M. oder Düsseldorf buchen.

Mit Icelandair können Sie zusätzlich auch von Hamburg und München direkt in Keflavík, dem isländischen Flughafen (ca. 45 Minuten Fahrt bis Reykjavík) landen. Auch Icelandair bietet bezahlbare Flüge ohne Umsteigen an. Tipp: Buchen Sie frühzeitig und prüfen Sie immer wieder die Icelandair-Webseite (*www.icelandair.de*). Gerade im Frühling oder Herbst finden Sie oft sehr gute Angebote.

Sollten Sie einen Amerikaurlaub planen, dann bietet Ihnen Icelandair einen zusätzlichen Service an. Sie können auf Island Ihre Reise für bis zu sieben Tage ohne Aufpreis unterbrechen, so den sehr langen Flug bequem aufteilen und dazu die Naturwunder Islands bestaunen. Mehr dazu finden Sie unter dem Begriff »Stopover« auf der Icelandair-Webseite.

Auch andere Fluggesellschaften wie die SAS bringen Sie nach Island, allerdings fast immer mit Zwischenaufenthalten. Ich persönlich vermeide vor allem auf einem Hinflug jede Unterbrechung, da die Gefahr, dass ein Gepäckstück bei einem Umstieg verloren geht, höher als bei einem direkten Flug ist und eine Nachlieferung eines solchen Koffers gerade bei einer Rundreise sehr problematisch wäre.

LEIHWAGEN/STRASSENVERKEHR

Ein gutes Auto ist einer der wichtigsten Ausrüstungsgegenstände, die Ihnen Ihren Islandaufenthalt angenehm und sicher gestalten werden. Die isländische Ringstraße Nummer 1, die Sie einmal um die gesamte Insel führt, ist zwar bis auf wenige Ausnahmen durchgängig geteert. Sowie Sie aber davon abweichen, treffen Sie immer wieder auf Schotterpisten, die teilweise sehr ausgefahren sind. Viele dieser Pisten können Sie ohne Probleme mit einem normalen PKW befahren, allerdings müssen Sie sich dabei stark auf den Untergrund konzentrieren, jedem Schlagloch ausweichen und jeden Buckel mit geringer Geschwindigkeit überfahren, um nicht aufzusetzen.

Ich selbst habe Island nur ein einziges Mal in einem normalen PKW befahren – bei meinem ersten Besuch. Zu oft habe ich mich dabei geärgert, da es immer wieder nur sehr eingeschränkt befahrbare Strecken gab und viel Zeit mit dem Ausweichen von Schlaglöchern verloren ging. Seit diesem Aufenthalt miete ich mir immer einen kleineren SUV oder Jeep mit Allradantrieb. Durch den höheren Radstand ist die Gefahr des Aufsetzens nahezu gebannt und der Allradantrieb sorgt für ein großes Plus an Sicherheit auf dem losen Gestein der Pisten und lässt somit auch höhere Geschwindigkeiten zu.

Dazu kommt, dass es in Island zahlreiche Strecken gibt, die nur mit einem allradgetriebenen Fahrzeug befahren werden dürfen. Wenn Sie diese mit dem Buchstaben »F« gekennzeichneten Pisten mit einem normalen PKW befahren, verlieren Sie den gesamten Versicherungsschutz des Fahrzeugs und sind für alle am Fahrzeug entstehenden Schäden selbst haftbar. Dazu kommen empfindliche Strafen durch die isländische Polizei, wenn Sie dabei beobachtet und angezeigt werden.

Sollten Sie sich für eine Reise im Winter entschieden haben, dann ist ein guter allradgetriebener Wagen absolute Pflicht. Achten Sie bei der Anmietung auch darauf, dass Ihr Fahrzeug unbedingt mit Spikes ausgestattete Reifen aufweist. Diese sind in Island erlaubt und werden auch von den Einheimischen genutzt. Im tiefen

Winter ist auch die Ringstraße nicht immer geräumt und kann dicke Eisschichten aufweisen.

Auf Island gelten strenge Geschwindigkeitsbeschränkungen: auf geteerten Straßen – soweit nicht anders angegeben – 90 km/h und auf nicht geteerten Strecken 80 km/h. Ich empfehle Ihnen, sich daran zu halten, da die isländische Polizei neben ein paar wenigen fest installierten Blitzern sehr aktiv mit Laserpistolen auf die Jagd nach Temposündern geht. Die dabei verhängten Strafen sind nicht unempfindlich. Lassen Sie sich nicht von den Isländern zum Rasen verführen, nur zu oft halten sie sich nicht an ihre eigenen Regeln.

Bitte vergessen Sie nie, dass isländische Straßen weit gefährlicher sind als die Straßen in Ihrer Heimat. Meist führen sie erhöht gebaut durch schroffes Gelände mit großen Lavabrocken und steilen Abhängen an der Seite der Straße. Wer hier vom Weg abkommt, der hat keine Möglichkeit, das Auto ausrollen zu lassen, sondern prallt direkt gegen die Felsbrocken oder rutscht den Abhang hinunter. Sehr oft finden sich an den Rändern der Straßen auch große Frostaufbrüche, die nicht immer geflickt werden und durch die Sie leicht von der Straße abkommen können.

Ich habe schon selbst zahlreiche, stark beschädigte Autos neben der Straße liegen gesehen, die sich teilweise mehrfach überschlagen hatten. So ist es nicht verwunderlich, dass Touristen die größte Zahl der Verkehrstoten auf der Insel darstellen.

Neben diesen Gefahren spielt das Wetter eine weitere große Rolle im Straßenverkehr. Immer wieder gibt es Überschwemmungen, Schneeverwehungen oder Stürme, die für die Sperrung einzelner Straßenabschnitte sorgen. Informieren Sie sich am besten immer auf der isländischen Wetterseite und der Seite der Straßenverwaltung über den Zustand der zu befahrenden Strecken. Die Links zu diesen Seiten finden Sie im Abschnitt »Wichtige und interessante Websites« auf Seite 18 dieses Kapitels.

Bei der Anmietung eines Leihwagens werden Ihnen immer zahlreiche Versicherungen zusätzlich zum

Mietpreis angeboten. Auch wenn diese nahezu unverschämt teuer sind, lohnt es sich, sie abzuschließen. Neben den üblichen Versicherungen gibt es auf Island noch eine sogenannte »Gravel Protection« und eine »Sand and Ash Protection«. Diese greifen bei Steinschlag durch lose Steine auf der Straße und bei Schäden durch Sand und Asche, die bei einem Sturm den Lack eines Autos wie Sandpapier abreiben können. Auch wenn diese Versicherungen sehr teuer sind, empfehle ich Ihnen, sie abzuschließen. Ein Lackschaden durch einen Sturm kann schnell 10.000 € an Reparaturkosten mit sich bringen, die Ihnen bei fehlender Versicherung voll in Rechnung gestellt werden.

UNTERKÜNFTE

Die steigenden Touristenzahlen haben in den letzten Jahren dafür gesorgt, dass es eine Vielzahl an neuen und auch sehr schön gestalteten Hotels und Unterkünften gibt.

Egal, ob Sie sich für eine Unterkunft in Hütten oder Sommerhäusern entscheiden oder eher eine Hotelunterkunft bevorzugen, Sie werden im Internet auf den großen Buchungsportalen eine gute Auswahl vorfinden. Denken Sie bitte daran, rechtzeitig zu buchen – nur so können Sie sicher sein, eine Unterkunft zu einem vernünftigen Preis zu bekommen.

Um Ihnen die Suche zu erleichtern, habe ich Ihnen immer zu Anfang eines Kapitels die am besten geeignete Gegend oder Stadt mit Empfehlungen vermerkt.

Sollten Sie ein Freund von Campingurlauben sein, so finden Sie mittlerweile auch viele schöne Campingplätze auf der Insel verteilt. Wildes Campen oder Verrichten der Notdurft im Freien wird nach vielen Negativerlebnissen von den Isländern nicht mehr gern gesehen und ist vielerorts bereits verboten.

KLEIDUNG/WETTER

Wenn sich Isländer unterhalten, kommt das Gespräch meist schnell auf eines der wichtigsten Themen des Alltags: das Wetter, beeinflusst es doch das gesamte Leben der Insulaner. Ein Sprichwort besagt nicht umsonst, dass man – wenn man mit dem Wetter nicht zufrieden ist – einfach eine Stunde warten soll.

Das Wetter auf Island kann extrem wechselhaft sein. Auch an einem sonnigen Tag können vor allem im Hochland schnell Regenwolken aufziehen oder Nebel die Sicht gegen null gehen lassen. Ich selbst bin dazu übergegangen, jeden Tag mehrmals den isländischen Wetterbericht im Internet (siehe »Wichtige und interessante Websites« auf Seite 18 in diesem Kapitel) zu überprüfen und meine Kleidung entsprechend flexibel darauf anzupassen.

Frei nach dem Zwiebelprinzip kann es Ihnen im Sommer passieren, dass Sie vom T-Shirt über einen Pullover bis hin zu einer Regenjacke alle Kleidungsstücke an einem Tag benötigen.

Denken Sie beim Packen bitte unbedingt an gute Regenkleidung, da auf Island meist ein recht kräftiger Wind weht und ohne Regenhosen eine Jeans oder Outdoorhose schnell durchnässt ist.

Vor allem im Winter sollten Sie warme Kleidung mit sich führen, denn auch wenn die Temperaturen auf Island dank des warmen Golfstroms ähnlich denen in Deutschland sind, dürfen Sie den kalten und schneidenden Wind, der auf der Insel herrschen kann, nicht unterschätzen.

Um Ihnen die Auswahl und das Packen ein wenig zu erleichtern, habe ich Ihnen hier meine Packliste zusammengeschrieben:

PACKLISTE:

- Unterwäsche
- Socken
- T-Shirts
- langärmelige T-Shirts
- Pullover
- schnelltrocknende Outdoorhosen
- Regenjacke
- Regenhose
- feste Wanderschuhe
- Ersatzpaar Schuhe
- Badelatschen
- Badehose/Badeanzug
- Schlafanzug
- Mütze
- Jeans und Hemd für Reykjavík

IM WINTER:

- Thermounterwäsche
- Schneehose
- Daunenjacke

MATERIAL

Gutes Material ist nicht nur beim Fotografieren, sondern auch beim gefahrlosen Erreichen einer Location besonders wichtig.

Neben dem Fotogepäck empfehle ich Ihnen daher folgende Ausrüstungsgegenstände:

- Stirnlampe
- im Winter: Spikes, die über die eigenen Schuhe gezogen werden können
- Gummistiefel oder Wathose

Empfohlene Fotoausrüstung:

- digitale Spiegelreflexkamera
- Weitwinkelobjektiv (je weitwinkliger und je lichtempfindlicher, desto besser)
- Zoomobjektiv, je nach Geschmack bis zu 400 mm
- Stativ
- Kugelkopf
- Kabelauslöser
- Filterhalter
- Filter
- Panoramasystem
- ausreichend Akkus
- Ladegerät
- ausreichend Speicher
- Reinigungstücher für die Linsen der Objektive
- Handtuch, um die Kamera zu trocknen
- wetterfester Rucksack

Evtl. nehmen Sie auch noch einen Laptop und eine externe Festplatte zur Sicherung der Bilder mit.

Unter *www.martin-schulz.photography/equipment* können Sie gern meine komplette Ausrüstungsliste einsehen.

Da Island über die gleichen Steckdosen wie Deutschland verfügt, benötigen Sie keinen Adapter, um Ihr Ladegerät oder Ihren Computer anzuschließen.

mieren und damit planen. Auch eine Erkennung von Sternenkonstellationen am Nachthimmel gibt es in dieser App, die sozusagen das Schweizer Taschenmesser für Fotografen ist.

Noch eine Anmerkung zu den Bildern in diesem Buch: in den Bildunterschriften finden Sie alle Angaben zu der eingestellten Belichtungszeit, Blende und ISO (Lichtempfindlichkeit des Sensors). Wenn ich einen Grauverlaufsfilter eingesetzt habe, erkennen Sie das am Kürzel »GND«, gefolgt von einer Zahl, die die Stärke des Filters angibt. Was genau es damit auf sich hat und wie Sie selbst mit Grauverlaufsfiltern fotografieren, erfahren Sie im ersten Abschnitt vom Kapitel »Fototechniken« auf Seite 262.

Wenn Sie wie ich gerne planen und über die genauen Lichtverhältnisse vor Ort informiert sein möchten, dann kann ich Ihnen als zusätzliche Ausrüstung auch noch folgende App empfehlen:

TPE (The Photographer's Ephemeris). In dieser englischsprachigen App (Android und iOS) können Sie sich genauestens über Sonnenaufgänge, Mondphasen, Sonnenuntergänge und die Himmelsrichtungen infor-

SPRACHE

Auch wenn die meisten Isländer hervorragend Englisch sprechen und man sich auf diesem Wege perfekt verständigen kann, ist die Amtssprache der kleinen Insel Isländisch.

Auf Grund der Isolation durch die Insellage ist das heutige Isländisch immer noch dem Altnordischen in vielen Bereichen sehr ähnlich.

So kommt es, dass sich im isländischen Alphabet auch heute noch zwei Runen befinden, das Eth (Ð, ð – ausgesprochen wie ein weiches »th« im Englischen bei »this«) und das Thorn (Þ, þ – ausgesprochen wie ein hartes »th« im Englischen bei »thing«).

Auch sonst beinhaltet die isländische Sprache viele Besonderheiten, die es einem gerade zu Beginn nicht einfach machen, Namen von Bergen, Flüssen oder aber auch Eigennamen der dort lebenden Menschen richtig auszusprechen.

Um dies zu verdeutlichen, habe ich Ihnen einmal drei Beispiele herausgesucht:

Wenn Sie im Isländischen Wörter mit einem »ll« lesen, so wird dies in den allermeisten Fällen wie »tl« gesprochen. So wird der im Jahr 2010 weltberühmt gewordene Vulkan »Eyjafjallajökull« wie »Eyjafjatlajökütl« ausgesprochen.

Ein »á« dagegen wird in der Regel wie ein deutsches »au« gesprochen. So wird der wunderschöne Wasserfall »Háifoss« wie »Hauifoss« ausgesprochen.

Ein isländisches »rn« wird wie ein deutsches »rtn« gesprochen. Somit lautet die korrekte Aussprache des »Barnafoss«, übersetzt Kinderwasserfall, »Bartnafoss«.

Wer mehr Interesse an dieser wunderschönen Sprache hat, dem kann ich für einen etwas tieferen Einblick das Buch »Reise Know-How Sprachführer Isländisch – Wort für Wort: Kauderwelsch, Band 13« sehr empfehlen. Sicher werden Sie nach diesem Buch nicht fließend Isländisch sprechen können, gerade die Aussprache von Eigennamen und einfachen Sätzen wird Ihnen aber sicher gelingen.

VERHALTENSREGELN

Die Isländer sind ein kleines Volk, das für einen Fremden auf den ersten Blick distanziert wirken mag. Sollten Sie aber auf die Hilfe eines Isländers angewiesen sein, so werden Sie diese auf jeden Fall bekommen. Gerade in Notsituationen zeigt sich dies besonders. Sollten Sie zum Beispiel mit Ihrem Auto im Hochland liegengeblieben sein, so wird jeder Isländer anhalten und Ihnen in dieser Situation helfen. Gerade in den letzten Jahren hat sich allerdings die Anzahl der Situationen, die die Hilfsbereitschaft der Isländer auf eine harte Probe stellen, stark vergrößert. Immer mehr Besucher der Insel begeben sich leichtsinnig in Gefahr. Ob es sich dabei um den Versuch handelt, einen reißenden Gletscherfluss zu durchschwimmen, oder aber um eine Familie, die mit einem PKW einen Gletscherausläufer befährt – all diese unüberlegten Handlungen sorgen für eine stark erhöhte Anzahl an Rettungseinsätzen.

Bitte vergessen Sie bei Ihrer Reise nie, dass die Natur in Island Fehler oftmals nicht verzeiht. Wer ohne kundigen Führer auf einen Gletscher läuft, begibt sich in ein Abenteuer, das sehr schnell mit einem aufwendigen Rettungseinsatz oder gar tödlich enden kann. Wer die starken Wellen und die Unterströmung an den schwarzen Stränden bei Vík nicht beachtet, begibt sich in akute Lebensgefahr. Island weist bis heute nur wenig Absperrungen oder gar Zäune auf. An den meisten Naturwundern können Sie sich frei bewegen. Bitte riskieren Sie nicht Ihr Leben für ein Foto und respektieren Sie die Natur. Akzeptieren Sie Absperrungen und geben Sie der empfindlichen Natur die Chance zu überleben. Oft bleibt ein Fußabdruck an der falschen Stelle über viele Jahre erhalten, denn so lange kann es dauern, bis die zarte Vegetation sich davon wieder erholt.

DIE SNÆFELLSNES-HALBINSEL

TOUR 1

Knapp zwei Stunden Fahrt von Reykjavík entfernt findet man die wie ein Finger ins Meer ragende Halbinsel Snæfellsnes. Ihren Namen, der übersetzt »Schneeberginsel« bedeutet, erhielt dieses wunderschöne Stück Island auf Grund des markanten Vulkans Snæfellsjökull. Bei guter Sicht schon vom Turm der Hallgrímskirkja in Reykjavík zu sehen, thront er an der Spitze der Halbinsel und fasziniert mit seiner wunderbar runden Form und der vergletscherten Spitze.

Die Snæfellsnes bietet den perfekten Einstieg in Ihre Islandreise, wird sie doch oft als Island im Miniaturformat betitelt, da sich hier von Steilküsten über weite Lavafelder bis zum Gletscher alle Besonderheiten Islands finden lassen. Und auch der meist fotografierte Berg Islands, Kirkjufell, befindet sich hier.

WISSENSWERTES

Fahrzeit: ca. zwei Stunden von Reykjavík
Übernachtungsmöglichkeiten: Ólafsvík oder Grundarfjörður im Norden, als besondere Empfehlung: Hótel Búðir (*www.hotelbudir.is*) im Süden

Um sie zu erreichen, verlassen Sie die Hauptstadt Islands in nördlicher Richtung auf der Ringstraße (Nummer 1) und gelangen über unzählige Kreisel entlang der Westküste direkt ans Ufer des Hvalfjörður. Dieser langgezogene Fjord ist seit Juli 1998 untertunnelt. Um die hohen Baukosten des Tunnels wieder zu erwirtschaften, wird für die Nutzung des Tunnels eine Mautgebühr von 1000 isländischen Kronen erhoben. Wenn Sie sich diese Kosten sparen möchten und einen Umweg von etwa 45 Minuten in Kauf nehmen, dann können Sie den Hvalfjörður auf der alten Route auch umrunden. Von der Nordseite des Fjords erreichen Sie nach einer halben Stunde das schöne Städtchen Borgarnes, das sich bestens für eine Pause, zum Tanken und zum Kauf von Lebensmitteln anbietet. Von Borgarnes aus biegen Sie von der Ringstraße (Nummer 1) ab auf die 54, die Sie direkt auf die Snæfellsnes-Halbinsel führt. Vor allem die Städte Ólafsvík und Grundarfjörður bieten hier zahlreiche Unterkunftsmöglichkeiten. Besonders empfehlenswert ist aber das perfekt gelegene Hótel Búðir auf der Südseite. Direkt an einer kleinen, schwarzen Kirche gelegen und umgeben von zahlreichen kleinen Buchten mit rotem Sand und schwarzen Lavafelsen ist dieses Hotel ein perfekter Ausgangspunkt für Fotografen. Aus den Dachfenstern des Hotels hat man direkt aus den Zimmern einen wunderbaren Blick über die schöne Landschaft, die dieses Kleinod umgibt. Auch für einen romantischen Aufenthalt mit einem Drei-Gänge-Menü bei Kerzenlicht oder einem Drink in der gemütlichen Lounge ist dieses Hotel bestens geeignet.

TIPP

Wenn Sie sich bei einer guten Tasse Kaffee und einer isländischen Waffel ein wenig erholen möchten, dann besuchen Sie unbedingt das *Blómasetrið – Kaffi Kyrrð* in Borgarnes. Neben einem schönen Blumenladen finden Sie dort allerlei schöne Kleinigkeiten und ein Café, das seinem Namen »Kaffee Ruhe« alle Ehre macht. Katrín und ihre Mutter kümmern sich hier in familiärer Atmosphäre liebevoll um ihre Gäste. *www.blomasetrid.is*

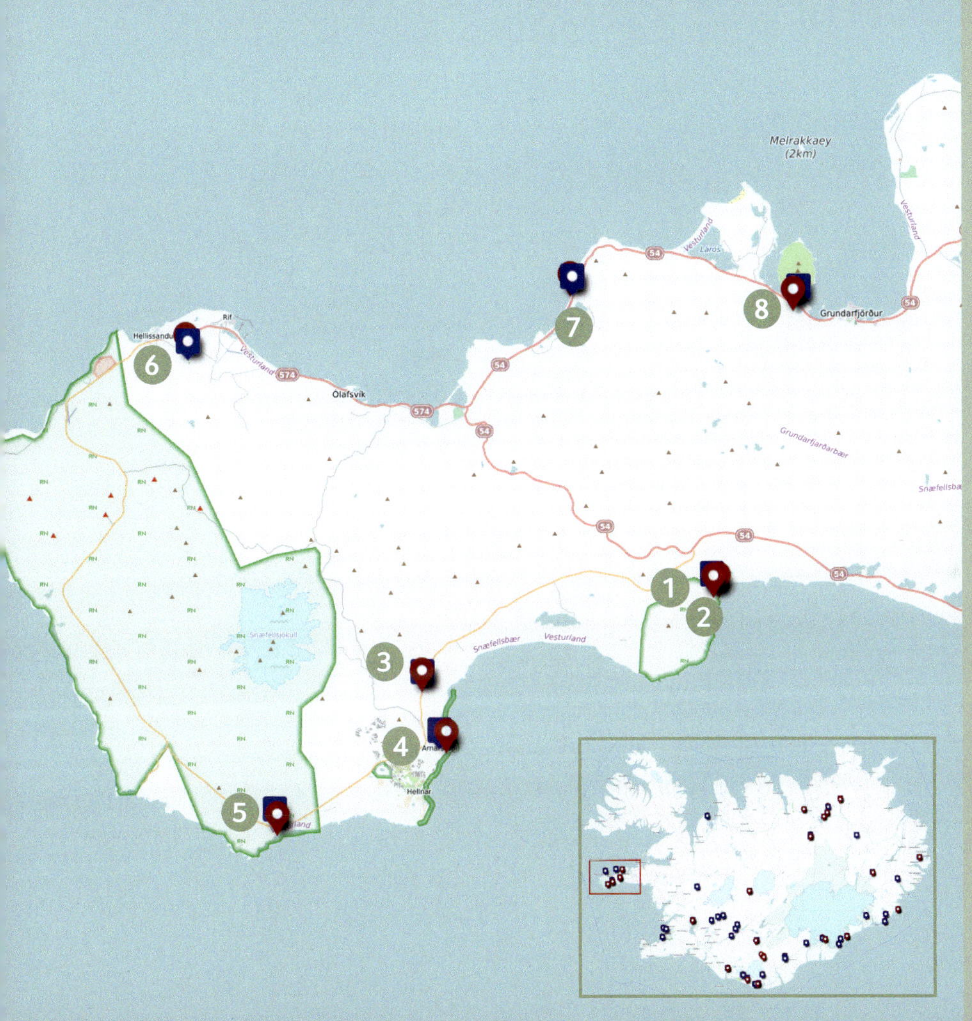

DIE SNÆFELLSNES-HALBINSEL

TOUR 1

1. DIE ROTEN STRÄNDE VON BÚÐIR
2. DIE SCHWARZE KIRCHE VON BÚÐIR
3. STAPAFELL
4. DIE KÜSTE VON ARNARSTAPI
5. LÓNDRANGAR
6. DIE KIRCHE VON INGJALDSHÓLL
7. SNÆFELLSJÖKULL
8. KIRKJUFELL

Schwarze Lavaformationen und roter Sand – starke Kontraste (f/16 · 1/2 s · ISO 64 · 14 mm · Filter: Soft GND16)

Parkplatz

Location

1 DIE ROTEN STRÄNDE VON BÚÐIR

Entfernung: zwei Minuten zu Fuß vom Hótel Búðir oder dem danebenliegenden Parkplatz
Beste Tageszeit: Sonnenaufgang
Beste Jahreszeit: Herbst, Winter
Ausstattung: keine Besonderheiten
Art: Selbstfahrer
Koordinaten Parkplatz: 64.823042, -23.385359
Koordinaten Location: 64.821993, -23.378591

Fußläufig vom Hótel Búðir oder dem direkt neben dem Hotel gelegenen Parkplatz lassen sich eine Reihe wunderschöner kleiner Buchten erreichen. Am leichtesten finden Sie diese kleinen Strände, wenn Sie direkt über den Hotelhof laufen und dem kleinen Trampelpfad folgen, der dort leicht zu erkennen ist. Schon die ersten Strände laden mit ihren schönen Mustern im Sand zum Verweilen und Fotografieren ein. Die am besten gelegene Bucht finden Sie, wenn Sie dem kleinen Weg bis direkt an die offene Küste folgen und, bevor er nach rechts abbiegt, über eine kleine Stufe an den linken Strand hinuntersteigen. Trotz der geringen Größe der Bucht findet man hier ein perfektes Verhältnis von rotem Sand und schwarzen Lavafelsen, die sich über den ganzen Strand verteilen. Je nach Wasserstand lassen sich die unterschiedlichsten Winkel finden, um die heranrollenden Wellen einzufangen, wenn sie über den roten Sand und die schwarzen Felsen spülen. Ich nutze gerne die ins Wasser ragenden Felsformationen als Standpunkt, um dieses Spektakel mit trockenen Füßen aufzunehmen. Wenn Sie auf das offene Meer blicken und Ihre Kamera nach links ausrichten, haben Sie eine langgezogene Bergkette als schönen Hintergrund für Ihre Bilder.

Sonnenaufgang an den roten Stränden von Búðir
(f/16 · 0,6 s · ISO 64 · 14 mm · Filter: Soft GND16)

Da im Winter die Sonne direkt im Süden aufgeht, sie also über dem Horizont auf der Meerseite erscheint, und der Wasserstand so weit angestiegen ist, dass er die ersten Felsen der Bucht umspült, können Sie zu dieser Jahreszeit die schönsten Bilder an dieser Bucht aufnehmen.

Auch im Sommer oder Herbst lohnt sich der Besuch, allerdings sollten Sie auch die östlicher gelegenen Strände besuchen, da der Sonnenaufgang zu diesen Jahreszeiten nordöstlicher stattfindet.

TIPP
Die weiter westlich gelegenen Strände laden neben vielen Möglichkeiten zum Fotografieren auch zu einem längeren Spaziergang entlang der malerischen Küste durch das Lavafeld Búðahraun ein. Nutzen Sie doch einfach den Tag, um die Gegend zu erkunden, damit Sie zum besten Licht am Abend oder Morgen den perfekten Platz für Ihre Aufnahmen bereits kennen.

2 DIE SCHWARZE KIRCHE VON BÚÐIR (BÚÐAKIRKJA)

Entfernung: eine Minute zu Fuß vom Hótel Búðir oder dem danebenliegenden Parkplatz
Beste Tageszeit: Sonnenaufgang, nachts
Beste Jahreszeit: Herbst, Winter
Ausstattung: keine Besonderheiten
Art: Selbstfahrer
Koordinaten Parkplatz: 64.823042, -23.385359
Koordinaten Location: 64.821710,-23.383975

Parkplatz

Location

Handelte es sich bei Búðir in früheren Zeiten noch um einen wichtigen Handelsplatz, so finden Sie heute nur noch eine kleine, schwarz geteerte Kirche, die von der Vergangenheit dieses Ortes zeugt. Auch wenn es sich nicht mehr um die erste Kirche an dieser Stelle handelt, sondern um eine 1848 erbaute und im 20. Jahrhundert renovierte, steht sie als eine der ältesten Kirchen Islands heute unter Denkmalschutz. Wahrscheinlich haben Sie diese schwarze Perle schon auf vielen Bildern gesehen, oft in Nahaufnahmen und mit dem kleinen Friedhof im Vordergrund.

Die für mich schönste Möglichkeit, um die Búðakirkja in ihrer fantastischen Umgebung in Szene zu setzen, finden Sie, wenn Sie – vor dem Eingangstor des Friedhofs stehend – diesen auf der linken Seite umrunden. Wenn Sie die Kirche in Ihrem Rücken haben, sehen Sie einen breiteren Pfad, der eher an eine Fahrspur erinnert. Folgen Sie diesem, bis Sie hinter der nächsten Kurve einen kleinen Hang hinuntergehen. Wenn Sie sich nun umdrehen, haben Sie einen schönen Blick auf die kleine Kirche, die Fahrspur als hinführenden Vordergrund und die malerische Bergkette im Hintergrund. Bei guter

Leuchtendes Gras im Vordergrund der kleinen Kirche an einem Novembermorgen (f/14 · 1/6 s · ISO 125 · 16mm · Filter: Soft GND8)

Sicht können Sie direkt links neben der Kirche den majestätischen Snæfellsjökull in seiner ganzen Pracht sehen und in Szene setzen.

Besonders schön ist dieser Platz im späten Winter, wenn die Sonne schon etwas weiter über den Horizont gewandert ist und die Grashalme golden im Sonnenlicht schimmern.

Durch die kurzen Entfernungen lassen sich die roten Strände und die Schwarze Kirche von Búðir sehr gut kombinieren. Nach dem eigentlichen Sonnenaufgang und der Morgendämmerung am Strand bietet die Schwarze Kirche Ihnen das perfekte Motiv für die immer höherstehende Sonne.

TIPP

Búðakirkja und die Strände der Umgebung bieten eine wunderbare Szenerie für Nordlichtfotografie. Bei einem Aufenthalt im Hótel Búðir können Sie sich sogar bei nächtlicher Aurora-Aktivität wecken lassen. Mehr dazu finden Sie im Kapitel über Nordlichtfotografie ab Seite 273.

Starkes Nordlicht über der kleinen Kirche (f/2,8 · 10 s · ISO 640 · 15 mm)

Parkplatz

Location

3 STAPAFELL, AUF DEM WEG NACH ARNARSTAPI

Entfernung: 15 Minuten mit dem Auto von Búðir aus
Beste Tageszeit: jederzeit, vor allem bei bewölktem Himmel
Beste Jahreszeit: Sommer, Herbst, Winter
Ausstattung: keine Besonderheiten
Art: Selbstfahrer
Koordinaten Parkplatz: 64.787504, -23.643435
Koordinaten Location: 64.787580, -23.643832

Folgen Sie von Búðir aus der Straße 574 in Richtung Westen, öffnet sich vor Ihnen der Blick in Richtung Snæfellsjökull. Bei klarem Himmel können Sie diesen wunderbaren vergletscherten Vulkan, auf dessen Gipfel schon Jules Verne seine Reise zum Mittelpunkt der Erde beginnen ließ, immer wieder hinter den Bergketten erblicken und es bieten sich auf der ganzen Fahrt zahllose Möglichkeiten zur Fotografie.

Kurz bevor Sie das Städtchen Arnarstapi erreichen, steigt die Straße noch einmal leicht an und führt Sie durch ein großes Lavafeld. Schon zu Beginn finden Sie am rechten Straßenrand gute Parkmöglichkeiten, die dazu einladen, das Auto abzustellen und die Gegend zu erkunden. In Richtung Osten dominiert ein interessant geformter Berg, Stapafell genannt, das Blickfeld. Die bekanntesten Bilder dieses Bergs zeigen ihn seitlich, von Arnarstapi aus aufgenommen, in seiner typischen Dreiecksform. Von diesem Standpunkt aus ist die Silhouette vollkommen verändert und besonders die in alle Richtungen abstehenden Felsspitzen im oberen Bereich verleihen der Szene ein fast schon bedrohliches Aussehen. Das Lavafeld zur rechten Seite der Straße bietet einen guten

◀ Schnee ziert den Gipfel des Stapafell (f/14 · 1 s · ISO 100 · 16 mm · Filter: Soft GND8)

Vordergrund und sorgt mit seinen scharfen Felsen für eine noch bedrohlichere Kulisse. Vor allem bei wolkenverhangenem Himmel oder im Winter, wenn leichter Schneefall die Bergspitze bedeckt, zeigt dieser Ort sein gesamtes Potenzial.

Wenn Sie die Straße ein paar Schritte in entgegengesetzter Richtung zurückgehen, bietet sich Ihnen auch die Möglichkeit, den Hang in Richtung der kleinen Bäche, die dort fließen, hinunterzugehen. Mit diesen kleinen Wasserläufen in Richtung Stapafell lassen sich viele weitere Bildkompositionen aufnehmen.

WICHTIG

Isländische Lavafelder sind häufig mit den unterschiedlichsten Pflanzen und Moosen bewachsen. Diese haben viele Jahrzehnte benötigt, um in dem harten Klima zu wachsen und das heutige Landschaftsbild zu prägen. Jeder Fuß, den man auf diese empfindlichen Pflanzen setzt, hinterlässt Spuren für viele weitere Jahre oder zerstört im schlimmsten Fall die empfindliche Vegetation. Bitte achten Sie daher immer darauf, moosbewachsene Partien nicht zu betreten, nutzen Sie vielmehr die unbewachsenen Felsen oder bereits vorhandene Wege. Oft reicht auch schon ein kleiner Schritt in ein Lavafeld aus, um den perfekten Foto-Spot zu finden.

◀ Lava und Moos bieten einen starken Vordergrund (f/11 · 1/10 s · ISO 200 · 14mm · Filter: Soft GND8)

4 DIE KÜSTE VON ARNARSTAPI, GATKLETTUR

Entfernung: 20 Minuten mit dem Auto von Búðir aus
Beste Tageszeit: Sonnenaufgang, Sonnenuntergang
Beste Jahreszeit: Sommer, Herbst, Winter
Ausstattung: keine Besonderheiten
Art: Selbstfahrer
Koordinaten Parkplatz: 64.766344, -23.628184
Koordinaten Location: 64.765370, -23.622035

Parkplatz

Location

Gerade einmal 20 Autominuten von Búðir oder fünf Minuten von unserer letzten Location (Stapafell) entfernt, erreichen Sie den Fischerort Arnarstapi. Folgen Sie einfach dem Wegweiser, der Ihnen die Abzweigung ausschildert. Nachdem Sie eine Reihe kleiner Häuser auf Ihrer rechten Seite passiert haben, sehen Sie zu Ihrer Linken zwei kleine, rote Holzhäuser mit grasbewachsenen Dächern, die Sie passieren. Zu Ihrer Rechten sehen Sie nun eine große, aus Steinen errichtete Figur. Biegen Sie die nächste Straße in Richtung der Figur ab und Sie erreichen einen kleinen Parkplatz, von dem markierte Wege in Richtung Küste führen.

Schon im Mittelalter war Arnarstapi ein wichtiger Fischereiort auf Grund der zahlreichen gut geschützten Buchten, an denen die Boote landen konnten. Die gesamte Küste rund um Arnarstapi wird von erodierten Felsen, zahlreichen Höhlen und Felstoren gesäumt. Nahe des Parkplatzes finden Sie die Sagenfigur Bárður Snæfellsás als eine aus großen Steinen aufeinandergeschichtete Skulptur. Der Sage nach handelt es sich bei Bárður um den ersten Siedler an dieser Stelle. Da Trollblut in seinen Adern floss, war er größer und stärker als andere. Er gründete die Gemeinde Hellnar und lebte dort auf einem Hof. Nicht nur gute Taten sind von ihm überliefert. So erzählt die Sage, dass er seine Neffen tötete, als sie vergaßen, auf seine Tochter aufzupassen, die auf einer Eisscholle bis nach Grönland trieb und somit als die Entdeckerin von Grönland in dieser Saga bezeichnet wird. Dass sie wieder gesund zurückkehrte, half den Neffen nicht mehr.

Schon vom Parkplatz aus führen markierte Wege in Richtung Küste. Folgen Sie diesen und halten Sie sich links, so gelangen Sie an das schönste Felsentor der ganzen Küste, Gatklettur genannt. Von einer hölzernen Plattform bieten sich gute Möglichkeiten, es in Szene zu setzen, den Felsenbogen im Vordergrund und die Bergkette, die auch schon von den Stränden Búðirs aus zu sehen war, im Hintergrund. Vor allem bei Flut und Winterstürmen schießt das Wasser durch die beiden Löcher der Felsformation und bietet gute Möglichkeiten für sehr dynamische Aufnahmen. Wenn Sie ein wenig längere Belichtungszeiten wählen, erhalten Sie einen schönen Eindruck vom Verlauf der hindurchschießenden Wellen. Um solch eine Aufnahme zu bekommen, ist allerdings Geduld gefragt, nicht jede Welle hat genügend Kraft, um beide Felsdurchbrüche zu erreichen. Auch ohne Kamera lohnt es sich, dieses Naturschauspiel zu beobachten, erhält man doch einen Eindruck, wie diese Löcher in Jahrzehnten in die Felsen gespült wurden.

TIPP

Im Sommer ist die gesamte Gegend Brutgebiet der Küstenseeschwalbe (isländisch Kría). Kommt man den Brutplätzen dieser Vögel zu nahe, kann es vorkommen, dass sie mittels Angriffen ihre Brut verteidigen. Da Krías immer versuchen, sich auf den höchsten Punkt des Eindringlings zu stürzen, kann man sich in solch einer Situation leicht mit dem Stativ behelfen, indem man es einfach hoch über den eigenen Kopf hält und somit vor schmerzhaften Schnabelhieben gut geschützt die Küste erreichen kann.

Starke Wellen brechen sich an der Basaltküste (f/11 · 1/20 s · ISO 125 · 14 mm · Filter: Soft GND8)

◀ Die tosende See zeigt deutlich, wie dieses Felsentor entstanden ist (f/11 · 1/50 s · ISO 250 · 24 mm · Filter: Soft GND16)

Bevor Sie sich auf den Rückweg zum Parkplatz begeben, sollten Sie noch einen kleinen Abstecher in Richtung Westen an der Küste entlang machen. Ein paar Minuten zu Fuß und Sie sehen an den Felsen eine weitere hölzerne Plattform. Von hier bietet sich ein guter Blick auf die Basaltsäulen, die diese Küste formen. Bei starker Brandung schlagen die Wellen hier hoch empor. Achten Sie darauf, nicht nur Bilder der heranrollenden Wellen aufzunehmen. Auch die an den schwarzen Säulen hinunterfließenden Wellen lohnen die ein oder andere Aufnahme, da hier die Basaltstrukturen besonders gut zur Geltung kommen.

TIPP

Von Arnarstapi aus führt ein etwa drei Kilometer langer Spaziergang in Richtung Westen direkt an der Küste entlang bis nach Hellnar. Neben der Felsformation Baðstofa, die Bárður Snæfellsás der Sage nach als Schwimmbad diente, findet man am Hafen dieses kleinen Fischerdörfchens auch ein nettes kleines Café (Fjöruhúsið), das mit gutem Kaffee und selbstgebackenem Kuchen zum Verweilen einlädt. (*www.facebook.com/FjoruhusidHellnum*). Achten Sie auf die Öffnungszeiten.

Parkplatz

Location

5 LÓNDRANGAR

Entfernung: zehn Minuten mit dem Auto von Arnarstapi, 30 Minuten von Búðir aus
Beste Tageszeit: Sonnenaufgang, Sonnenuntergang
Beste Jahreszeit: Sommer, Herbst, Winter
Ausstattung: keine Besonderheiten
Art: Selbstfahrer
Koordinaten Parkplatz: 64.737666, -23.775863
Koordinaten Location: 64.735287, -23.774026

Folgen Sie der 574 in Richtung Westen von Búðir oder Arnarstapi, können Sie schon nach kurzer Fahrzeit eine sehr markante Felsformation an der Küste zu Ihrer Linken erkennen, Lóndrangar genannt. Bei diesen beiden Felsnadeln, die immerhin eine Höhe von 75 und 61 Metern aufweisen, handelt es sich um die Überreste eines wesentlich größeren Vulkankraters, der durch Erosion und das Meer abgetragen wurde. Direkt neben der Straße gibt es einen großzügigen Parkplatz, der Ihren Ausgangspunkt für diesen Spot darstellt. Folgen Sie einfach dem angelegten Weg für ein paar Minuten in Richtung Küste. Auch hier finden Sie wieder gut gesicherte Holzplattformen, die Ihnen einen guten Blick auf die Felsnadeln bieten. Ich empfehle gerne die linke Plattform, da man sich auf dieser näher an der Küste befindet und somit beeindruckendere Bilder mit diesen steil abfallenden Felsen im Vordergrund aufnehmen kann. Gerade zur Winterzeit spülen die Wellen mit großer Kraft an diese Küste. Versuchen Sie es einmal – sofern der Wind es zulässt – mit längeren Belichtungszeiten. Dadurch verwischt das Wasser gerade an den Stellen, an denen sich die Wellen weiß-schäumend brechen, und Sie bringen auf diesem Wege mehr Dynamik ins Bild.

TIPP
Wer noch näher an die Felsnadeln Lóndrangar gelangen möchte, kann dies vom Leuchtturm Malariff aus. Fahren Sie dazu einfach vom Parkplatz Richtung Westen weiter, biegen Sie gleich die nächste Straße nach links ab und fahren Sie diese bis zum Ende zur Küste. Hier gibt es einen Parkplatz neben dem Gestastofa Visitor Center. Von hier aus führen einige Wege in Richtung Osten an der Küste zurück bis direkt zu den beeindruckenden Felsnadeln.

Die Lóndrangar zum Sonnenuntergang bei Sturm (f/8 · 1/15 s · ISO 400 · 14 mm · Filter: Soft GND16)

DIE KIRCHE VON INGJALDSHÓLL

Entfernung: 30 Minuten mit dem Auto von Arnarstapi, 50 Minuten von Búðir aus
Beste Tageszeit: Sonnenaufgang, Sonnenuntergang
Beste Jahreszeit: Sommer, Herbst
Ausstattung: keine Besonderheiten
Art: Selbstfahrer
Koordinaten Parkplatz: 64.907695, -23.852441
Koordinaten Location: 64.909661, -23.854781

Parkplatz

Location

Die weitere Fahrt in Richtung Westen wird Sie immer wieder die Kulisse des Snæfellsjökull auf Ihrer Rechten begleiten. Mit Sicherheit werden Sie jede Menge schöne Fotospots auf diesem Weg finden. Ein ganz besonderer findet sich etwa eine halbe Stunde Fahrt von Arnarstapi (ca. 50 Minuten von Búðir) entfernt, kurz nach dem Fischerort Hellisandur. Schon im 14. Jahrhundert haben sich in dieser Gegend Kirchen befunden, die zu den größten der ganzen Insel zählten. Die 1903 errichtete Ingjaldshólskirkja zählt zu den ältesten Steinkirchen Islands. Schon weithin sichtbar erreichen Sie dieses schöne Fleckchen Erde, wenn Sie direkt nach Hellisandur die erste Abzweigung auf Ihrer rechten Seite nehmen. Es handelt sich dabei um eine kleine Stichstraße, die Sie direkt an die Kirche führt, hinter der sich auch ein kleiner Parkplatz befindet.

Doch nicht nur die kleine Kirche und ihre schöne Lage sorgen für so manches Fotomotiv. Schon auf der Stichstraße werden Sie im Sommer von einem dichten Lupinenfeld umgeben. Diese violett blühende Alaska-Lupine finden Sie mittlerweile über ganz Island verteilt. Ursprünglich wurde sie nach dem Zweiten Weltkrieg

Lupinen und die Ingjaldshólskirkja im Hintergrund (f/9 · 1/100 s · ISO 160 · 19 mm · Filter: Soft GND16)

großflächig ausgesät, da sie mit ihrem dichten Wurzelwerk den tonarmen, sandigen Boden fixieren und so den Kampf gegen die Erosion der großen, sandigen Flächen unterstützen sollte. Auch wenn dies gut gelungen ist, ganz unumstritten ist diese Art der Erosionsbekämpfung nicht. Wie alle Neophyten verdrängt auch die Alaska-Lupine einheimische Pflanzenarten.

Aus fotografischer Sicht allerdings bietet sich gerade an dieser Stelle ein wunderbar farbenprächtiger Vordergrund. Wenn Sie einfach die Stichstraße ein paar Meter zurücklaufen, eröffnet sich Ihnen immer wieder die Gelegenheit, ein kleines Stück in dieses Lupinenfeld hineinzugehen und so das Violett der Pflanzen in Ihr Motiv mit einzubinden.

KLEINER WORKSHOP FOCUS STACKING

Da Sie es bei den Lupinen mit einem sehr nahen Vordergrund und bei der Kirche mit einem weit entfernten Hintergrund zu tun haben, ist dies eine gute Gelegenheit, sich einmal an der Technik des Focus Stacking zu versuchen. Keine Kamera schafft es, mit einer Aufnahme solch einen nahen Vordergrund und gleichzeitig den weit entfernten Hintergrund scharf abzubilden. Um dies zu erreichen, muss mit verschiedenen Fokussierungen gearbeitet werden, die dann hinterher mittels Software (Photoshop etc.) zusammengesetzt werden.

Wie bei allen Themen in der Fotografie kann man auch beim Focus Stacking sehr umfangreich arbeiten, indem man eine große Anzahl an Aufnahmen anfertigt und diese dann zusammensetzt. Da gerade bei der Landschaftsfotografie aber oft nur wenig Zeit bleibt, um eine bestimmte Licht- oder Wolkenstimmung einzufangen, habe ich mich für eine schnelle und in der Praxis gut funktionierende Methode entschieden. Für all meine gestackten Aufnahmen verwende ich eine mittlere Blendenöffnung zwischen f/9 und f/11. Damit habe ich von Haus aus eine sehr große Schärfentiefe in meiner Aufnahme und es reichen mir drei Aufnahmen, um über das Focus Stacking ein wirklich schönes, durchgängig scharfes Bild zu erhalten.

Gehen Sie wie folgt vor:

1. Bringen Sie die Kamera auf dem Stativ in Position. Ein stabiler Stand ist hierbei sehr wichtig.
2. Stellen Sie an der Kamera die richtige Belichtungszeit, Blende und ISO ein.
3. Legen Sie den Fokus auf ein sehr nahes Objekt im Vordergrund machen Sie die erste Aufnahme.
4. Fokussieren Sie auf ein Objekt in der Mitte des Bildes und machen Sie eine zweite Aufnahme.
5. Stellen Sie auf ein Objekt im Hintergrund scharf und machen Sie die letzte Aufnahme.

Wichtig ist, dass alle Aufnahmen im manuellen Modus erfolgen, sodass Blende, Belichtungszeit und ISO bei allen Aufnahmen gleich sind. Am PC oder Mac können Sie nun aus diesen drei Aufnahmen mit unterschiedlicher Schärfeverteilung mittels Software eine einzige, komplett scharfe Aufnahme gestalten.

Ich selbst verwende dazu Photoshop mit dem folgenden, kurzen Workflow[1]:

1. Öffnen Sie Photoshop.
2. Klicken Sie auf den Menüpunkt *Datei*, wählen Sie im Untermenü *Automatisieren* den Punkt *Photomerge* aus. Es öffnet sich ein Dialogfenster, indem Sie auf den Button *Durchsuchen* klicken und im dann folgenden Dialog Ihre drei Bilder auswählen.
3. Prüfen Sie, ob am linken Rand der Punkt *Auto* ausgewählt ist. Entfernen Sie den Haken bei *Bilder zusammen überblenden* und kontrollieren Sie, dass bei den beiden Punkten darunter ebenfalls keine Haken gesetzt sind.
4. Klicken Sie auf *OK*.

Ihre Bilder werden nun in Photoshop als Ebenen geöffnet und exakt übereinander positioniert. Markieren Sie alle Ebenen und wählen Sie im Menü *Bearbeiten* den Punkt *Ebenen automatisch überblenden* aus und Photoshop legt Ihre Bilder nun so übereinander, dass nur die scharfen Bereiche der Bilder übrigbleiben. In dem sich dabei öffnenden Dialog wählen Sie bitte den Punkt *Bilder stapeln* aus und setzen Sie den Haken bei *Nahtlose Töne und Farben*.

Nun ist Ihr Bild fertig gestackt und Sie können wie gewohnt damit weiterarbeiten[2].

---

[1] Wenn Sie die Bilder in Lightroom verwalten, markieren Sie die drei zu stackenden Bilder, klicken dann mit der rechten Maustaste und wählen *Bearbeiten* in → *In Photoshop als Ebenen öffnen*. Fahren Sie dann mit dem nächsten Schritt fort.

[2] Wenn Sie die Bilder aus Lightroom heraus geladen hatten und nun in Photoshop speichern, wird das gestackte Foto in Lightroom neben den drei Einzelbildern als neues Bild eingefügt.

Parkplatz

Location

7 SCHWARZER SAND UND GLETSCHER – SNÆFELLSJÖKULL

Entfernung: ca. 1 Stunde mit dem Auto von Arnarstapi, 25 Minuten von Búðir aus (über die 54)
Beste Tageszeit: Sonnenaufgang, Sonnenuntergang
Beste Jahreszeit: Sommer, Herbst, Winter
Ausstattung: keine Besonderheiten
Art: Selbstfahrer
Koordinaten Parkplatz: 64.931114, -23.508354
Koordinaten Location: 64.931337, -23.510500

Eine weitere, selten fotografierte Sicht auf den majestätischen Snæfellsjökull bietet sich Ihnen von der Nordseite der Snæfellsnes-Halbinsel. Um dorthin zu gelangen, können Sie entweder der 574 weiter in Richtung Westen folgen oder aber, wenn Sie Ihre Reise an diesen Platz direkt von Búðir aus starten möchten, auf der 54 in Richtung Norden über einen schönen Gebirgspass. Bleiben Sie nach der Passüberquerung auf der 54 und fahren Sie in Richtung Grundarfjörður weiter.

Schon nach kurzer Fahrzeit sehen Sie auf der linken Seite einen langen, schwarzen Sandstrand. Kurz bevor Sie am Ende des Strands angekommen sind, befindet sich ein kleiner Parkplatz. Wenn Sie die kurze Strecke über den Strand zum Wasser gehen, achten Sie auch hier im Sommer darauf, dass es sich um ein Brutgebiet der Küstenseeschwalbe (Kría) handelt, welches diese gern durch sturzflugartige Angriffe auf Eindringlinge verteidigt. Auch hier hilft es, wenn Sie Ihr Stativ hoch über dem Kopf tragen, um die Angriffe auf diesen Punkt zu lenken.

Wenn Sie am Wasser Ihren Blick entlang der Küste schweifen lassen, werden Sie den

◀ Blick auf den majestätischen Snæfellsjökull (f/18 · 1/2 s · ISO 50 · 32 mm · Filter: Soft GND16)

Snæfellsjökull wunderbar im Hintergrund an seiner schneebedeckten Kappe erkennen. Wählen Sie auch hier eine längere Belichtungszeit, die dafür sorgt, dass die heranspülenden Wellen leicht verwischen und Ihrem Bild auf diesem Wege mehr Dynamik verleihen.

WICHTIG
Wenn Sie sich zur Fahrt auf der 54 über den Bergpass entschließen, achten Sie bitte darauf, dass dieser im Winter gesperrt oder nur schwer zu befahren sein kann. Planen Sie daher lieber ein wenig mehr Zeit ein, da es vorkommen kann, dass Sie die ganze Runde um die Spitze der Snæfellsnes-Halbinsel fahren müssen, um dieses Ziel zu erreichen.

◀ Kirkjufell und Kirkjufellsfoss umgeben von intensivem Nordlicht (f/2,8 · 30 s · ISO 1600 · 16 mm)

8 KIRKJUFELL

Entfernung: 30 Minuten mit dem Auto von Búðir aus (über die 54), 1,15 Stunden auf der 574
Beste Tageszeit: Sonnenaufgang, Sonnenuntergang, nachts
Beste Jahreszeit: Herbst, Winter
Ausstattung: keine Besonderheiten
Art: Selbstfahrer
Koordinaten Parkplatz: 64.927435, -23.307114
Koordinaten Location: 64.925912, -23.311860

Parkplatz

Location

Dies ist der wohl am meisten fotografierte Berg Islands. Schon vor vielen Jahren, als Island noch nicht den heutigen Bekanntheitsgrad hatte und der Kirkjufell nur auf wenigen Bildern zu sehen war, habe ich diesen einzigartig geformten Berg fotografiert und war fasziniert von den vielen Möglichkeiten, ihn in Szene zu setzen. Seinen Namen »Kirchenberg« erhielt er auf Grund seines kirchturmartigen Aussehens auf der südlichen Seite und seines kirchenschiffartigen Aussehens auf der westlichen. Der 463 Meter hohe Berg befindet sich auf einer Halbinsel direkt vor dem Städtchen Grundarfjörður. Seine steilen Hänge verdankt er den Gletschern, die ihn einst umgaben und für seine markante Form verantwortlich sind. Wer schwindelfrei ist, kann diesen schönen Berg von Südwesten her besteigen. Trittsicherheit ist dabei allerdings Voraussetzung.

Für Fotografen lädt aber ein anderes Highlight zum Verweilen ein. Direkt gegenüber auf der rechten Seite der Straße findet man einen mehrstufigen Wasserfall mit Namen Kirkjufellsfoss. Neben dem unteren Becken wurde mittlerweile ein beschilderter Parkplatz angelegt. Wenn Sie in Richtung Grundarfjörður auf der

links: Sonnenuntergang am verschneiten Kirkjufell (f/16 · 1/6 s · ISO 50 · 16 mm · Filter: Soft GND8)

rechts: Herbststimmung am Wasserfall (f/10 · 1/160 s · ISO 200 · 14 mm · Filter: Soft GND16)

54 unterwegs sind, können Sie ihn kurz vor dem Städtchen kaum verfehlen.

Da sich der Tourismus in Island vor allem in den letzten Jahren stark verändert hat und die Besucherzahlen stetig wachsen, mussten sich die Isländer Gedanken um den Erhalt ihres Kapitals, die Natur, machen. Ein Punkt dabei ist das Schaffen von neuen Infrastrukturen an beliebten Plätzen. Beim Kirkjufell lässt sich dies ganz deutlich an den gut ausgebauten Wegen zu beiden Seiten des Wasserfalls erkennen. Wenn Sie die bekannten Aufnahmen mit dem Wasserfall im Vordergrund und dem Berg im Hintergrund selber einmal festhalten möchten, so ist es am einfachsten, vom Parkplatz aus den Weg auf der rechten Seite des Wasserlaufs bis zur kleinen Brücke hinaufzusteigen. Über die Brücke können Sie dann bequem auf die andere Seite wechseln und sich den besten Platz für Ihre Aufnahmen suchen.

Da ich persönlich immer auf der Suche nach neuen Motivkombinationen bin, habe ich einen anderen Standpunkt gefunden, der mir sogar

Die westliche Seite des Kirkjufell bei Ebbe (f/11 · 11 s · ISO 400 · 14 mm · Filter: Soft GND16, ND64)

noch besser gefällt. Wenn Sie auf der alten Brücke über dem Wasserfall stehen, den Kirkjufell in Ihrem Rücken, dann können Sie auf der rechten Seite des Flusses für etwa eine Viertelstunde in Richtung der Berge laufen, um einen weiteren, nicht minder schönen Wasserfall zu erreichen. Um dorthin zu gelangen, müssen Sie nur den Zaun, der Ihnen den Weg versperrt, an einer Stelle, an der es einen kleinen Durchlass gibt, durchqueren. Bei meinem letzten Besuch konnte man an diesem Durchlass den Zaun öffnen und sich so auf den weiteren Weg bergauf machen. Begrüßt wird man dabei oft von einer kleinen Pferdegruppe, die dort ihren Weideplatz hat. Nachdem Sie diese hinter sich gelassen haben, erreichen Sie wenig später schon den Wasserfall (GPS 64.921949, -23.319123).

Sollten Sie auf der Suche nach einer vollkommen anderen Perspektive sein, dann lohnt sich ein kurzer Abstecher mit dem Auto zur Westseite des Kirkjufell. Biegen Sie dazu mit dem Auto vom Parkplatz nach links ab (in Richtung Ólafsvík). Nachdem Sie den Kirkjufell passiert haben, zeigt sich zu Ihrer Rechten eine Meereszunge, die bis an die Straße reicht. Biegen Sie die erste Straße nach dieser Meereszunge nach rechts ab und fahren Sie etwa 100 Meter in diese Stichstraße hinein (GPS 64.944603, -23.342185). Parken Sie Ihr Auto an einer geeigneten Stelle und machen Sie sich auf den kurzen Weg ans Wasser. Vor allem bei Ebbe und Windstille können Sie den schwarzen Sand und die Spiegelung des Bergs als perfekten Vordergrund mit einbinden.

Wasserfall

Stichstraße

VON DER SNÆFELLSNES NACH AKUREYRI

TOUR 2

Nachdem Sie auf der Snæfellsnes-Halbinsel einen ersten Eindruck der Naturwunder Islands gewinnen konnten, führt unsere Reise Sie weiter in Richtung Norden.

Wenn Sie von Búðir aus starten, dann bieten sich Ihnen zwei unterschiedliche Möglichkeiten, Ihre Fahrt fortzusetzen. Sie können direkt auf der 54 den Pass in Richtung Norden überqueren und der Route über Grundarfjörður folgen. Auch wenn diese Strecke etwas kürzer ist, empfehle ich Ihnen, die im Folgenden beschriebene Route zu wählen, da es sich dabei um die wesentlich besser ausgebaute Strecke handelt und sich dazu ein Abstecher zu den Hraunfossar, einer schönen Serie von kleinen Wasserfällen, die aus einem bewachsenen Lavafeld hervorfließen, lohnt.

Je nachdem, ob Sie die beiden im Anschluss beschriebenen Fotoziele besuchen möchten oder nicht, sollten Sie sich überlegen, ob Sie die gesamte Fahrt mit einer

Parkplatz

Location

1 HRAUNFOSSAR

Entfernung: 45 Minuten von Borgarnes aus, ca. 2 Stunden von Búðir aus
Beste Tageszeit: jederzeit
Beste Jahreszeit: Sommer, Herbst, Winter
Ausstattung: keine Besonderheiten
Foto-Equipment: lange Brennweiten, am besten ein gutes Zoomobjektiv
Art: Selbstfahrer
Koordinaten Parkplatz: 64.701746, -20.978599
Koordinaten Location: 64.702315, -20.977845

Detailaufnahme der Hraunfossar – bunte Lava, unzählige Wasserfälle (f/16 · 1/5 s · ISO 50 · 100 mm) ▶

Die Hraunfossar, übersetzt »Lavawasserfälle«, erstrecken sich am Rand eines großen Lavafelds. Unter anderem gespeist durch das Schmelzwasser des Gletschers Langjökull fließt ein Arm des Flusses Hvítá direkt in das poröse Lavafeld, in dem er versickert und auf einer undurchlässigen Lavaschicht weiterfließt. An der Stelle der Hraunfossar fließt dieses Wasser zwischen den Lavaschichten wieder hervor und ergießt sich in unzähligen Wasserfällen in einen anderen Arm der Hvítá. Diese kleinen Wasserfälle erstrecken sich über eine Länge von nahezu 700 Metern, parallel zum Fluss.

In der letzten Zeit gab es immer wieder Diskussionen, da die Eigentümer des Lands, auf dem sich die Wasserfälle und die Parkplätze befinden, eine Gebühr zur Nutzung des Parkplatzes einführen wollten. Noch im Juli 2017 war unklar, ob dies rechtens sei. Wenn Sie diesen Ort besuchen, sollten Sie sich – je nachdem, wie dieser Streit ausgeht – darauf gefasst machen, dass Ihnen hier Parkgebühren entstehen können. Vom Parkplatz mit dem kleinen Laden aus führt Sie ein Weg direkt an das Ufer der Hvítá und damit zu den Hraunfossar.

Schon von weitem kann man das milchig weiße, oft auch bläulich schimmernde Wasser erkennen, das dem Fluss seinen Namen »weißer Fluss« gibt.

Da es an dieser Location auf Grund des geführten Wegs und des hohen Standpunkts sehr schwierig ist, eine gute Aufnahme zu erhalten, die die ganze Landschaft abbildet, finde ich es am schönsten, sich auf die vielen Details, die die Wasserfälle bieten, zu konzentrieren. Ein gutes Stativ und ein Zoomobjektiv sind dabei die wichtigsten Hilfsmittel.

Wenn Sie das Ufer erreicht haben und dann dem Weg nach rechts folgen, sehen Sie nach kurzer Zeit zwei besonders fotogene Wasserfälle, die direkt über eine glatte Felswand fließen. Am besten versuchen Sie einfach einmal verschiedene Belichtungszeiten und binden die Steine und das fließende Wasser am Boden in Ihre Komposition mit ein.

Wenn Sie dem Weg weiter folgen, gelangen Sie zu einem weiteren Wasserfall mit Namen Barnafoss. Seinen Namen »Kinderwasserfall« erhielt er der Sage nach, als sich die Familie eines hier gelegenen Hofes auf den Weg zur Weihnachtsandacht machte und ihre Kinder zu Hause ließ. Als die Eltern nach Hause kamen und ihre Kinder verschwunden waren, verfolgten sie ihre Spuren, die zu einer natürlichen Steinbrücke führten, die über den heutigen Barnafoss verlief. Da sie sich hier verloren, ging man davon aus, dass die Kinder ihren Eltern folgen wollten und bei der Überquerung der Brücke in die reißenden Fluten gefallen und ertrunken waren. Damit so etwas nie wieder passieren konnte, ließ die Mutter der Kinder den Steinbogen einreißen. So kommt es, dass dieser heute nicht mehr vorhanden ist.

Zahllose Wasserfälle ergießen sich in die Hvítá (f/16 · 1/8 s · ISO 50 · 100 mm)

TIPP

Wenn Sie sich auf den Rückweg machen und genügend Zeit haben, dann lohnt sich ein kurzer Abstecher zur wasserreichsten Heißwasserquelle Islands, genannt Deildartunguhver. Fotografisch ist die Quelle kein wirkliches Highlight, beeindruckend aber allemal. Wenn Sie noch ein wenig frische Lebensmittel für Ihre weitere Fahrt benötigen oder aber einfach neugierig auf isländische Tomaten sind, dann haben Sie direkt an der Quelle die Möglichkeit, diese einzukaufen. Mit der Energie der Quelle werden hier Gewächshäuser beheizt, in denen unter anderem Tomaten gezogen werden. Die sehr gut schmeckenden Früchte kann man an einem kleinen Wagen kaufen, indem man den Betrag in eine kleine Sparbüchse einzahlt. Erreichen können Sie die Quellen, indem Sie – von den Hraunfossar kommend auf der 518 – kurz nach der Kreuzung zur 50 auf dieser ein kurzes Stück nach Norden fahren und der Beschilderung auf der linken Seite zur Quelle folgen.

Sonnenuntergang am Hvítserkur mit langer Belichtungszeit (f/11 · 30 s · ISO 64 · 15 mm · Filter: Soft GND16, ND64)

2 HVÍTSERKUR

Entfernung: 2,15 Stunden von den Hraunfossar aus, 40 Minuten von Laugarbakki aus, ca. 1 Stunde von Blönduós aus
Beste Tageszeit: Sonnenuntergang
Beste Jahreszeit: Sommer, Herbst, Winter
Ausstattung: keine Besonderheiten
Art: Selbstfahrer
Koordinaten Parkplatz: 65.603520, -20.639739
Koordinaten Location: 65.606004, -20.636365

Parkplatz

Location

Nach dem kurzen Abstecher zur Deildartunguhver führt die Fahrt uns weiter auf der 50 in Richtung Norden. Auch wenn dies der Karte nach nicht die direkte Strecke in Richtung Norden ist, so empfehle ich sie Ihnen trotzdem, da es sich um die am besten ausgebaute Strecke handelt und die Fahrzeit trotz der längeren Strecke wesentlich kürzer ist. Wieder auf der Ringstraße Nummer 1 geht es weiter in Richtung Akureyri.

Wenn Sie sich dazu entschlossen haben, die weitere Reise mit einer Übernachtung zu unterbrechen, würde ich Ihnen empfehlen, die Reise zu Ihrer Unterkunft fortzusetzen und einzuchecken, um so den ganzen Abend am Hvítserkur verbringen zu können.

Von Laugarbakki aus auf der Ringstraße kommend führt Ihr Weg Sie direkt über die 711 in Richtung Norden, wo Sie das »weiße Nachthemd«, wie Hvítserkur wörtlich übersetzt heißt, nach etwa 40 Minuten Fahrt erreichen. Sollten Sie in Blönduós übernachten, führt Ihr Weg Sie ein Stück die Ringstraße zurück in Richtung Borgarnes, bevor Sie nach rechts in die 716 abbiegen und ihr in Richtung Norden folgen. Ohne große Beschilderung geht die 716 in die 717 über und mündet schließlich in die 711, die Sie direkt in Richtung Hvítserkur führt. Eine beschilderte Abzweigung lenkt Sie direkt auf einen kleinen Parkplatz, der zurzeit gerade weiter ausgebaut wird.

Erst nach einem ca. zweiminütigen Spaziergang auf einem gut ausgebauten und gut sichtbaren Weg erreichen Sie das Ende der Steilküste und wie aus dem Nichts taucht der etwa 15 Meter hohe Felsen Hvítserkur auf. Seinen Namen erhielt er auf Grund der Vogelexkremente, die ihn wie ein weißes Nachthemd überziehen. Er ist zudem auch Nistplatz für eine große Zahl an Seevögeln. Der Sage nach soll es sich bei diesem Felsriesen um einen Troll handeln, der ein nahegelegenes Kloster mit Steinen bewarf und dabei von der Sonne überrascht wurde und so versteinerte.

Direkt an der steil abfallenden Klippe ist eine hölzerne Plattform angebracht, neben der auf der linken Seite ein kleiner Wasserfall in einem roten Bachbett hinabfließt. Wir wenden uns aber der anderen Seite der Plattform zu. Direkt auf der rechten Seite, bevor man die Plattform betritt, führt ein steiler Weg hinab auf einen schmalen Sand- und Kiesstrand. Der Weg hinunter erfordert ein wenig Trittsicherheit, vor allem bei feuchtem Wetter, ist aber gut zu bewältigen und äußerst lohnenswert.

Je nach Wasserstand bieten sich unterschiedliche Möglichkeiten, diesen Felsriesen fotografisch in Szene zu setzen. Der beste Ausgangspunkt ist aber immer der kleine, ins Meer mündende Fluss, der aus dem schon beschriebenen Wasserfall gespeist wird. Bei Ebbe lohnt es sich, diesen kleinen Bach als schönen Vordergrund einzusetzen, so dass er den Blick in Richtung Felsen lenkt. Bei höherem Wasserstand lassen sich die Steine, die an der Flussmündung liegen und vom Meer umspült werden, als Vordergrund einbinden.

Bei Ebbe können Sie auch bis direkt an den Felsen laufen und ihn in seiner vollen Größe bewundern. Für mich ein sehr beeindruckender Anblick.

Die Wellen der kommenden Flut brechen sich sanft am Strand (f/11 · 1/2 s · ISO 50 · 14 mm · Filter: Soft GND8) ▶

DER NORDEN ISLANDS

TOUR 3

Nachdem Sie den Hvítserkur, Laugarbakki und Blönduós hinter sich gelassen haben, führt die weitere Fahrt in Richtung Norden durch zahlreiche Täler und zwei Bergpässe, die im Winter zum Teil tief verschneit und im Herbst nebelverhangen sein können. Bei

WISSENSWERTES

Fahrzeit: Bis nach Akureyri ca. fünf Stunden von Búðir aus, 2,2 Stunden von Laugarbakki aus. Bei Übernachtung in Laugar ca. eine Stunde mehr an Fahrzeit.

Unterkunftsmöglichkeiten: In und um Akureyri finden Sie eine große Auswahl an Unterkünften. Ich würde Ihnen aber empfehlen, noch etwa eine Stunde weiterzufahren und eine Unterkunft in Laugar zu suchen. Dieser kleine Ort ist perfekt zentral gelegen, um den gesamten Norden zu erkunden. Ich werde alle weiteren Zeitangaben immer von Laugar aus ansetzen. Sollten Sie also in Akureyri übernachten, so beachten Sie bitte, dass Sie immer eine Stunde mehr an Fahrzeit einplanen müssen.

schönem Wetter bietet sich einem ein beeindruckender Blick auf die Bergketten entlang der Straße und so mancher Anblick wird Sie dazu bringen, Ihre Fahrt zu unterbrechen und das ein oder andere Bild aufzunehmen. In Akureyri, der Hauptstadt des Nordens, angekommen, bietet sich die beste Gelegenheit, Lebensmittel einzukaufen, zu tanken oder die Innenstadt bei einem kleinen Stadtbummel zu erkunden.

So schön Akureyri auch ist, empfehle ich Ihnen trotzdem, die Weiterreise von etwa einer Stunde bis nach Laugar einzuplanen und in dieser Gegend eine Unterkunft zu suchen. Gerade wenn man zur perfekten Zeit am richtigen Ort sein möchte, um die schönste Lichtstimmung einzufangen, ist jede Viertelstunde Fahrt, die man nicht auf sich nehmen muss, eine wirkliche Erleichterung. Laugar liegt in unmittelbarer Nähe zum Goðafoss und nur 20 Fahrminuten vom See Mývatn entfernt.

◀ Farbenprächtige Schlammtöpfe in Hverir
(f/14 · 1/4 s · ISO 31 · 18 mm · Filter: Soft GND16)

TIPP

Wenn Sie Lust auf ein Erlebnis der besonderen Art haben, dann planen Sie doch einen Abstecher nach Húsavík. Das ganz im Norden liegende Städtchen befindet sich etwa 30 Fahrminuten von Laugar entfernt und ist bekannt für seine Whale-Watching-Touren. Wer gerne einmal diese Giganten der Meere aus der Nähe erleben möchte, findet vor der Küste Húsavíks die idealen Bedingungen dafür. Direkt am Hafen finden Sie zahlreiche Anbieter solcher Touren. Vergessen Sie auf keinen Fall, Ihre größten Zoomobjektive mit auf Tour zu nehmen, damit Sie ja kein Detail dieser unvergesslichen Fahrt versäumen.

WICHTIG

In diesem Kapitel gibt es zwei Tourenziele, für die ein **4×4-Auto** Voraussetzung ist. Dies hat vor allem rechtliche Gründe, denn Straßen, die mit einem »F« markiert sind, dürfen nicht mit einem regulären Auto befahren werden. Wagt man dies trotzdem, so erlischt der gesamte Versicherungsschutz des Fahrzeugs und zusätzlich ist eine Bestrafung durch die Polizei möglich. Sollten Sie sich gegen die Anmietung eines 4×4-Autos entschieden haben und trotzdem den Wunsch haben, diese beiden Ziele zu fotografieren, so kann ich Ihnen eine geführte Tour dorthin empfehlen. IceAk (aus Akureyri, *www.iceak.is*) bietet zu jeder Jahreszeit sehr empfehlenswerte Touren (»The fantastic falls«) dorthin an. Weitere Informationen dazu finden Sie in der Tourbeschreibung des Aldeyjarfoss.

Grundsätzlich ist es zu jeder Jahreszeit wichtig, dass Sie regelmäßig die **Wettervorhersage** aufrufen und sich über die aktuelle Wetterlage informieren. Stürme können zu jeder Jahreszeit gefährliche Auswirkungen auf Ihre Weiterreise haben. Besonders wichtig ist es aber im Winter, die Vorhersage genau zu verfolgen. Vor allem wenn Sie in den Norden Islands fahren, kann es häufig vorkommen, dass Straßen unpassierbar sind. Neben der Wettervorhersage gibt es auch noch eine Webseite der isländischen Straßenmeisterei, auf der Sie dies nachvollziehen können.

Wettervorhersage: *www.vedur.is*
Straßenmeisterei: *www.vegagerdin.is*

Mehr zu diesen Webseiten finden Sie auch in der Einleitung.

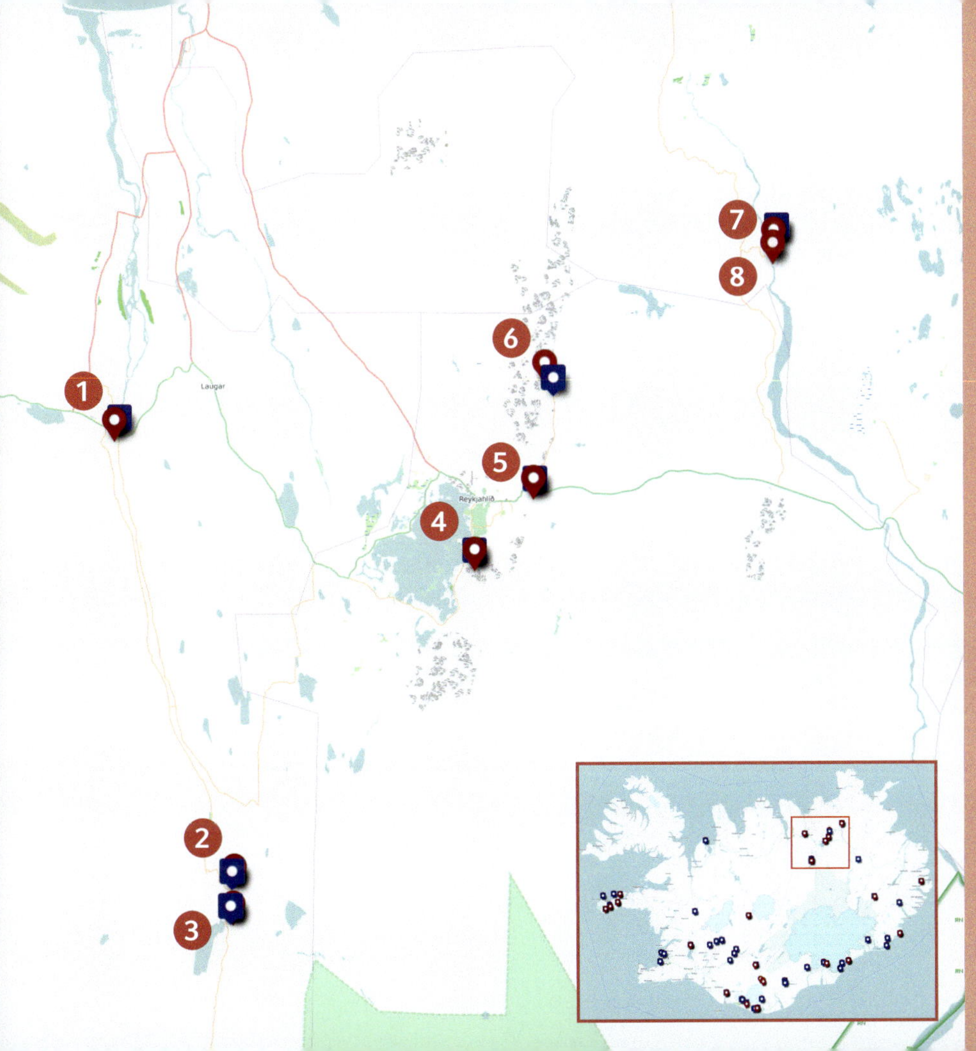

DER NORDEN ISLANDS

TOUR 3

1 GOÐAFOSS

2 ALDEYJARFOSS

3 HRAFNABJARGAFOSS

4 DIMMUBORGIR

5 HVERARÖND/HVERIR

6 LEIRHNJÚKUR

7 DETTIFOSS

8 SELFOSS

Parkplatz

Location

1 DER GOÐAFOSS

Entfernung: gute zehn Minuten von Laugar aus
Beste Tageszeit: Sonnenaufgang, Sonnenuntergang
Beste Jahreszeit: Sommer, Herbst, Winter
Ausstattung: keine Besonderheiten
Art: Selbstfahrer
Koordinaten Parkplatz: 65.685981, -17.538408
Koordinaten Location: 65.683069, -17.548265

Der perfekte Vordergrund am Fuß des mächtigen Wasserfalls (f/20 · 1/4 s · ISO 31 · 20 m · Filter: Soft GND16) ▶

Etwa auf halber Strecke zwischen Akureyri und Mývatn, im Bárðardalur gelegen, findet man diesen beeindruckenden, dreigeteilten Wasserfall direkt an der Ringstraße (Nummer 1). Wenn Sie in Laugar übernachten, sind es lediglich zehn Minuten Fahrt mit dem Auto, bis Sie den Goðafoss erreichen. Ideal um mit wenig Fahraufwand zum Sonnenauf- bzw. Sonnenuntergang an der Location bereit zu sein.

Seinen Namen »Götterwasserfall« erhielt er der Sage nach, als Þorgeir Ljósvetningagoði Þorkelsson um das Jahr 1000 n. Chr. seine noch verbliebenen Götterbilder in diesen Wasserfall warf und das Christentum zur offiziellen Religion Islands erklärte.

Sowohl östlich als auch westlich vom Fluss Skjálfandafljót, der den mächtigen Wasserfall mit einer Fallhöhe von etwa zwölf Metern bildet, gibt es eine kurze Stichstraße, auf der man einen Parkplatz nahe der Fallkante erreicht.

Beide Seiten des Wasserfalls laden zum Fotografieren ein, jedoch lohnt sich der Abstecher auf der östlichen Seite am meisten. Hier bietet sich Ihnen nicht nur die Möglichkeit, über eine hölzerne Plattform an die Fallkante zu gelangen. Über einen kurzen Abstieg können Sie auch den Fuß des Wasserfalls erreichen.

Der verschneite Goðafoss mit Regenbogen
(f/16 · 18 s · ISO 125 · 14 mm · Filter: Soft GND8, ND64)

TIPP

Auch wenn die Lichtstimmung zum Sonnenauf- bzw. Sonnenuntergang am schönsten ist, lohnt sich auch ein Besuch bei höherstehender Sonne. Oft bilden sich durch die aufgewirbelte Gischt schöne Regenbögen über dem fallenden Wasser. Auch für diese Aufnahmen ist die Ostseite des Wasserfalls die am besten geeignete.

Wenn Sie von dort in Richtung Wasserfall laufen, so bemerken Sie schon bald einen mit Moos und Gras bewachsenen Stein nahe dem Ufer im Wasser. Ein perfekter und sehr beliebter Vordergrund zu jeder Jahreszeit.

Sollten Sie sich im Winter an den kurzen Abstieg machen, seien Sie bitte vorsichtig, wenn Sie sich nah an das Flussufer wagen. Nicht immer ist eindeutig zu erkennen, ob Sie sich noch auf festem Untergrund oder schon auf dünnem, über die Wasseroberfläche ragendem Eis befinden.

❷ DER ALDEYJARFOSS

Entfernung: ca. eine Stunde von Laugar aus, etwa 45 Minuten vom Goðafoss aus
Beste Tageszeit: Sonnenaufgang, Sonnenuntergang
Beste Jahreszeit: Sommer, Herbst, Winter
Ausstattung: keine Besonderheiten
Auto: 4×4
Art: Sommer und Herbst als Selbstfahrer/im Winter als geführte Tour
Koordinaten Parkplatz: 65.364250, -17.341240
Koordinaten Location: 65.366019, -17.338321

Parkplatz

Location

Etwa 45 Minuten Fahrt vom Goðafoss entfernt finden Sie einen der schönsten Wasserfälle Islands, den Aldeyjarfoss.

Auf der Westseite des Skjálfandafljót, der sowohl den Goðafoss als auch den Aldeyjarfoss bildet, beginnt unsere Fahrt über eine leicht zu fahrende Schotterpiste, den Bárðardalsvegur Vestri (842). Wenn Sie auf der Ostseite des Wasserfalls waren, dann biegen Sie einfach wieder nach links auf die Ringstraße ab und überqueren den Fluss, der den Wasserfall bildet. Fahren Sie an der westlichen Zufahrt zum Wasserfall vorbei und biegen Sie in die erste Straße danach links ab. Folgen Sie der Piste bis kurz vor der Farm Bólstaður. Hier endet die 842 und in einer Linkskurve beginnt die bekannte F26 (Sprengisandur), auf der Sie noch ein kurzes Stück bis zum Aldeyjarfoss fahren werden. Auch wenn die Strecke bis zum Wasserfall sehr einfach zu befahren ist, so ist hierfür ein 4×4 angetriebenes Auto vorgeschrieben, da es sich um eine »F«-Straße handelt. Wer sich nicht an diese Regelung hält, verliert den kompletten Versicherungsschutz seines Mietwagens und kann zusätzlich durch die Polizei empfindlich bestraft werden. Nach

◀ Der Aldeyjarfoss, bei Eis und Schnee zum Sonnenaufgang (f/14 · 8 s · ISO 40 · 15 mm · Filter: Soft GND16, ND64)

kurzer Fahrt erreichen Sie den ausgeschilderten Parkplatz oberhalb des Aldeyjarfoss.

Ein leicht zu gehender Trampelpfad, schräg gegenüber dem Toilettenhäuschen, führt Sie direkt zum oberen Rand des Beckens, in das der Wasserfall fließt.

Wenn Sie bis zur Kante des Beckens gehen, können Sie sofort einen der beliebtesten Fotopunkte erkennen: einen überstehenden Felsen direkt gegenüber dem Wasserfall. Wer sich auf diesen Punkt wagt, sollte allerdings schwindelfrei sein. Auch rechts neben diesem Felsvorsprung lohnt es sich, die Kamera aufzubauen. Hier lässt sich das gesamte Becken mit dem Wasserfall zusammen am besten einfangen.

Weiter links, ein kleines Stück in Richtung des abfließenden Flusses, können Sie sich im Sommer auf den Abstieg an den Fuß des Beckens machen. Hierfür sollten Sie allerdings trittfest sein. Man sieht schon vor dem Abstieg über eine kleine Felskante einen schmalen Trampelpfad, auf dem man zum unteren Rand gelangen kann. Am besten hält man sich beim Abstieg nahe der Felswand und schlägt erst im letzten Viertel den Weg nach links hinunter ein.

Dort angekommen kann man die ganze Kraft des mächtigen Wasserfalls spüren, da man sich quasi auf Augenhöhe befindet. Je nach Wetterlage findet sich hier auch ein kleiner, mit Wasser gefüllter Pool, den man

TIPP

Es lohnt sich, verschiedene Belichtungszeiten auszuprobieren. Erwischt man die richtige, erscheint das ins Becken fließende Wasser sternförmig, mit dem Wasserfall im Zentrum.

Die richtige Belichtungszeit ist vor allem von der Fließgeschwindigkeit und der Wassermenge abhängig. Ein paar Versuche bringen aber schnell den gewünschten Anblick.

bestens für Aufnahmen mit Spiegelungen nutzen kann. Auch Selbstporträts werden hier gerne aufgenommen. Seien Sie dazu aber unbedingt vorsichtig, man muss sich sehr nah am Wasser bewegen, um eine solche Aufnahme zu bekommen.

Der beeindruckende Blick direkt in das Becken des Aldeyjarfoss (f/18 · 1,3 s · ISO 31 · 16mm · Filter: Soft GND16) ▶

TIPP

Im Winter oder späten Herbst ist dieser Wasserfall nicht mit dem eigenen Auto zu erreichen. Meterhoher Schnee und tiefe Schneeverwehungen machen auch die Fahrt mit einem noch so guten 4×4-Jeep unmöglich. Wenn Sie diesen wunderschönen Wasserfall auch im Winter besuchen möchten, dann kann ich Ihnen eine geführte Tour ans Herz legen. Ich selbst habe schon mehrere Touren dorthin unternommen und war jedes Mal von der unglaublichen Winterlandschaft und der abenteuerlichen Fahrt begeistert.

Als Tourguide kann ich Ihnen den Anbieter IceAk (aus Akureyri, *www.iceak.is*) wärmstens empfehlen. Þórður und seine Guides werden Ihnen ein unvergessliches Erlebnis bieten und haben viel Erfahrung darin, Fotografen sicher an das gewünschte Ziel zu bringen und ihnen die besten Fotospots zu zeigen. IceAk bietet eine Standard-Tour (»The fantastic falls«) an, bei der Sie in einer kleinen Gruppe an den Goðafoss, den Aldeyjarfoss und den Hrafnabjargafoss geführt werden. Sie können Þórður aber auch für eine private Tour buchen, die dann ganz nach Ihren Wünschen zusammengestellt wird und bei der Sie selbst bestimmen können, wie lange Sie an welchem Ort bleiben möchten.

Abendrot an der Fallkante des Hrafnabjargafoss (f/18 · 1,3 s · ISO 64 · 15 mm · Filter: Soft GND16)

Parkplatz

Location

3 DER HRAFNABJARGAFOSS

Entfernung: ca. 1,15 Stunde von Laugar aus. Etwa 60 Minuten vom Goðafoss aus. Etwa 15 Minuten vom Aldeyjarfoss aus.
Beste Tageszeit: Sonnenaufgang, Sonnenuntergang
Beste Jahreszeit: Sommer, Herbst, Winter
Ausstattung: keine Besonderheiten
Auto: 4×4
Art: Sommer und Herbst als Selbstfahrer/im Winter als geführte Tour
Koordinaten Parkplatz: 65.339202, -17.344741
Koordinaten Location: 65.339870, -17.340916

Einen weiteren, sehr speziellen Wasserfall finden Sie eine Viertelstunde Fahrt in Richtung Hochland entfernt. Trotz geführter Touren ist dieser Wasserfall nach wie vor ein kleiner Geheimtipp, selten findet man hier andere Besucher. Folgen Sie dazu einfach der F26 für ein paar Minuten, bis Sie an eine beschilderte Abzweigung zum Hrafnabjargafoss kommen. Folgen Sie dem Wegweiser über eine ziemlich raue und von großen Steinen übersäte Piste, bis Sie auch hier einen kleinen Parkplatz erreichen.

WICHTIG

Bitte achten Sie vor allem auf dieser Piste darauf, nicht zu schnell zu fahren und den größten Steinen auszuweichen. Eine Reifenpanne an dieser abgelegenen Stelle ist schnell passiert und mit nicht unerheblichem Aufwand verbunden. Vor allem an Stellen wie dieser merkt man, wie wichtig ein gutes Auto mit hohem Radstand auf Island doch ist.

Auch im Winter lohnt sich die Fahrt zu diesem abgelegenen Wasserfall (f/14 · 1/40 s · ISO 31 · 20 mm · Filter: Soft GND8)

Vom Parkplatz aus ist es nur ein kurzes Stück durch ein kleines Lavafeld, immer dem Rauschen des Wasserfalls folgend. Gerade im Sommer oder frühen Herbst bieten sich Ihnen hier zahllose Möglichkeiten, den Wasserfall zu fotografieren. Die für mich schönsten sind direkt an der rechten Fallkante des Wasserfalls, da man hier neben dem fließenden Wasser und der moosbewachsenen Lava im Vordergrund auch noch zahlreiche Wasserfälle im Hintergrund in das Bild mit einbeziehen kann. Oft färbt der Sonnenuntergang im Sommer dabei den Himmel in den schönsten Farben, während schon der Mond am Himmel steht.

Im Winter, auf einer geführten Tour, ist der Hrafnabjargafoss einer der wandelbarsten Wasserfälle Islands. Je nach Schnee und Eis zeigt er sich in vollkommen unterschiedlicher Größe. Oft sind große Teile des Wasserfalls zugefroren und unter dicken Eisschichten verborgen. Mit einem guten Guide wie IceAk lässt sich dieser Wasserfall aber gefahrlos erkunden, Ihr Guide geht vor Ihnen und führt Sie zu den sicheren Stellen.

Alle drei Wasserfälle lassen sich natürlich im Sommer und Herbst perfekt zu einer Tour zusammenfassen.

❹ DIMMUBORGIR

Entfernung: ca. 30 Minuten von Laugar aus
Beste Tageszeit: jederzeit, je wolkenverhangener, desto besser
Beste Jahreszeit: Sommer, Herbst, Winter
Ausstattung: keine Besonderheiten
Art: Selbstfahrer
Koordinaten Parkplatz: 65.591552, -16.913016
Koordinaten Location: 65.591031, -16.913451

Parkplatz

Location

Nahe dem See Mývatn gelegen findet sich eine Sehenswürdigkeit, die auch fotografisch interessant ist. Dimmuborgir, übersetzt »Dunkle Burgen«, ist ein Labyrinth der besonderen Art. Um es zu erreichen, fahren Sie von Laugar aus auf der Ringstraße Nummer 1 in Richtung Mývatn und biegen, sobald Sie den See erreichen, auf die 848 ab. Nach kurzer Fahrzeit erreichen Sie die beschilderte Abzweigung nach Dimmuborgir.

Verschlungene Wege führen den Besucher dort durch ein großes Lavafeld. Umgeben von mehreren meterhohen Lavagebilden dauert es nicht lange und man kann seinen Ausgangspunkt nicht mehr erkennen. Da man sich aber auf gut markierten Wegen durch das Labyrinth bewegt, kann man sich vollkommen auf die erstaunlichen Lavafiguren konzentrieren, die einen umgeben. Teilweise turmartig oder wie ganze Festungsmauern, die hoch in die Luft ragen, mit kreisrunden Löchern durchbrochen, kann man schnell verstehen, wie dieser Ort zu seinem Namen kam.

Als vor rund 2.300 Jahren die Lava der Kraterreihen Þrengslaborgir und Lúdentsborgir Richtung Mývatn floss, staute sich ein Teil in einer Senke und ein Lavasee entstand. An der Oberfläche begann er zu erstarren, während an einigen Stellen zusätzlich der Kontakt mit dem

◀ Dimmuborgir, im Winter unter einer dicken Schneedecke (f/14 · 1/100 s · ISO 31 · 14 mm · Filter: Soft GND16)

Wasser eines darunterliegenden Sees zu Dampfschloten führte, die die Lava um sich erstarren ließen. Als der natürliche Damm, der den Lavasee aufstaute, brach, floss die noch flüssige Lava ab, die dünne, bereits erstarrte Kruste stürzte ein. Zurück blieben all die erstarrten Gebilde. Wenn man von deren Höhe auf die Tiefe des damaligen Lavasees schließt, so ergeben sich beeindruckende zehn Meter Tiefe. Um der Versandung dieses Naturdenkmals entgegenzuwirken, wurden vor einigen Jahren kleine Birken ausgesät, die sich in der Zwischenzeit stark vermehrt haben und die Landschaft prägen.

Wenn Sie den längsten der drei markierten Wege wählen, erhalten Sie einen wunderbaren Rundgang mit sehr vielen Gelegenheiten für Fotos. Auch im Winter ist dieser Ort sehr lohnenswert, es kann allerdings auf Grund der Schneemassen vorkommen, dass Sie nur ein kleines Stück in das Labyrinth hineingehen können. Ich bin dort selbst schon durch hüfthohen Schnee gestapft.

Parkplatz

Location

5 HVERARÖND/HVERIR

Entfernung: ca. 15 Minuten von Dimmuborgir aus, ca. 45 Minuten von Laugar aus
Beste Tageszeit: jederzeit, je wolkenverhangener, desto besser, auch nachts lohnenswert
Beste Jahreszeit: Sommer, Herbst, Winter
Ausstattung: keine Besonderheiten
Art: Selbstfahrer
Koordinaten Parkplatz: 65.641602, -16.806939
Koordinaten Location: 65.641071, -16.809407

Gerade einmal 15 Minuten Fahrt von Dimmuborgir entfernt finden Sie eine komplett andere Welt, bestehend aus einer weiten Fläche voller brodelnder Schlammtöpfe, Solfataren und beißendem Schwefelgeruch. Fahren Sie dazu auf der 848 weiter, bis Sie kurz vor dem Ort Reykjahlíð wieder auf die Ringstraße Nummer 1 kommen. Biegen Sie hier nach rechts ab. Sie fahren vorbei an einem großen, hellblau schimmernden See und an der Abzweigung zum *Mývatn Nature Bath*. Die Straße steigt danach steil an und führt Sie über den Pass Námaskarð direkt über den Berg Námafjall. Der Name Náma bedeutet übersetzt »Mine« und zeugt von der Vergangenheit dieser Gegend, in der hier Schwefel abgebaut wurde. Fahren Sie die Passstraße hinunter und biegen Sie danach die erste Straße nach rechts ab (Námaskarðsvegur 885), der Beschilderung Hveraröndt/Hverir folgend. Am Ende der kurzen Stichstraße erreichen Sie einen stark besuchten Parkplatz, direkt am Rand des Solfataren-Gebiets.

Auf abgesteckten Wegen und teilweise hölzernen Planken können Sie sich sehr frei durch dieses Hochtemperaturgebiet bewegen. Achten Sie bitte darauf, diese Wege nicht zu verlassen, da der Boden vor allem an den helleren Stellen oft sehr brüchig ist und die dort herrschenden

Wie aus einer anderen Welt, Hverir
(f/14 · 55 s · ISO 100 · 15 mm ·
Filter: Soft GND16, ND1000)

Schwaches Nordlicht über den Dampfschloten von Hverir (f/2,8 · 30 s · ISO 500 · 16 mm)

Temperaturen bei einem Einbruch für starke Verbrennungen sorgen würden.

Da diese Gegend sehr stark besucht ist, habe ich mir hier angewöhnt, Bilder mit sehr langen Belichtungszeiten aufzunehmen oder aber in der Dunkelheit der Nacht zu fotografieren. Bei Langzeitbelichtungen ist der durch die Solfataren entstehende Rauch bzw. Nebel so stark, dass er oft andere Besucher vollkommen verdeckt. Da gerade die brodelnden Schlammtöpfe so beeindruckend sind, setze ich sie gerne besonders markant in den Vordergrund. Je nachdem, ob es viel geregnet hat oder sehr trocken war, finden Sie die einzelnen Schlammtöpfe unterschiedlich stark mit Flüssigkeit gefüllt. Es lohnt sich, einfach einmal eine Runde zu drehen, um den aktuell fotogensten herauszufinden. Werfen Sie auch einen Blick auf die beiden zischenden Dampfaustrittsstellen nahe der großen Plattform am Parkplatz. Vor allem bei Gegenlicht oder in der Nacht, wenn es häufig windstill ist und der Rauch fast senkrecht aufsteigt, lohnt es sich, hier zu fotografieren.

Dampf aus dem Boden vermischt sich mit den Wolken des Himmels (f/18 · 1/30 s · ISO 31 · 14 mm · Filter: Soft GND16)

TIPP

Wenn Sie sich ein wenig vom anstrengenden Fotografenalltag erholen möchten, empfehle ich Ihnen einen Besuch im Mývatn Nature Bath (*www.myvatnnaturebaths.is*). Direkt am Fuß des Námafjall gelegen, erinnert es ein wenig an die weit bekanntere Blaue Lagune im Süden Islands. Mit dem großen Unterschied, dass Sie hier wesentlich weniger Besucher vorfinden und sich die Eintrittspreise ziviler gestalten.

LEIRHNJÚKUR

Entfernung: ca. zehn Minuten von Hverir aus, ca. eine Stunde von Laugar aus
Beste Tageszeit: jederzeit, je wolkenverhangener, desto besser, besonders gut nach einem Regenschauer
Beste Jahreszeit: Sommer, Herbst, Winter
Ausstattung: keine Besonderheiten
Art: Selbstfahrer im Sommer und Herbst, als geführte Tour im Winter
Koordinaten Parkplatz: 65.713134, -16.774046
Koordinaten Location: 65.722786, -16.788653

Parkplatz

Location

Auch bei unserem nächsten Ziel, gerade mal zehn Minuten Fahrt von Hverir entfernt, zeigt sich, wie aktiv die Erde auf Island noch ist. Zur Caldera der Krafla gehörend, ist der Leirhnjúkur ein noch immer aktiver Vulkan, der zuletzt 1975 maßgeblich am sogenannten Mývatn-Feuer beteiligt war, einem großen Ausbruch am nördlichen Hang des Leirhnjúkur, der mit Unterbrechungen bis zum Jahr 1984 dauerte. Ganze neun Jahre also. Trotz der vielen Jahre, die der Vulkan nun schon nicht mehr spuckt, ist es in dem gesamten Ausbruchgebiet unter der Erdoberfläche noch so heiß, dass nach regenreichen Tagen Dampfschwaden über das Gebiet ziehen, die daher stammen, dass das Regenwasser auf Grund der Hitze unter der Oberfläche verdampft.

Von Hverir kommend biegen Sie einfach nach rechts auf die Ringstraße Nummer 1 ab und gleich die nächste Straße (Kröfluvegur 863) wieder nach links. Schon nach kurzer Zeit erreichen Sie ein gewaltiges geothermales Kraftwerk (Kröflustöð, übersetzt Krafla-Kraftwerk). Überall steigt Dampf auf, verlaufen große Rohre und mächtige Wärmetauscher, ein wirklich beeindruckender Anblick. Die Straße führt Sie unter einem Torbogen aus Rohren hindurch und steigt kurz darauf

Nach einem Regenschauer:
Dampf steigt aus der Erde auf
(f/16 · 1/25 s · ISO 100 · 22 mm ·
Filter: Soft GND16)

steil an. Zu Ihrer Rechten finden Sie – oben angekommen – einen kleinen Parkplatz, der Ihnen einen perfekten Blick auf die gesamte Anlage bietet. Wir folgen der Straße noch ein kurzes Stück weiter, bis wir auf der linken Seite eine kurze, mit Leirhnjúkur beschilderte Stichstraße sehen, die in einen Parkplatz mündet. Neben Toiletten finden Sie hier im Sommer mittlerweile auch einen kleinen Verkaufsstand, an dem Sie sich mit Kaffee und Snacks versorgen können.

Der Weg in das Gebiet um den Leirhnjúkur beginnt direkt neben den Toilettenhäuschen und führt Sie durch eine von Frostaufbrüchen gezeichnete, bucklige Wiese weiter in Richtung der Lavafelder. Wenn Sie sich umsehen, werden Sie immer wieder eigenartige technische Geräte in den Wiesen und Lavafeldern erkennen. Hierbei handelt es sich um Messstationen, die zur Überwachung dieses immer noch sehr aktiven Gebiets dienen. Den Aufzeichnungen nach ist ein erneuter Ausbruch schon lange überfällig. Je weiter Sie in Richtung der Ausbruchkegel laufen, desto mehr verändert sich die Landschaft. Auf Ihrer Linken entdecken Sie einen gelblich gefärbten Hang mit zahlreichen Dampfaustrittsstellen, kleine Solfataren säumen den Weg. Nach einem kurzen Anstieg erreichen Sie das große Lavafeld mit all seinen kleinen Kratern und haben einen wunderbaren Blick zurück in Richtung Parkplatz, große Schwefelquellen im Vordergrund. Der beplankte Weg gabelt sich nun. Da es sich um einen Rundweg handelt, spielt es keine Rolle, in welche Richtung Sie Ihre Wanderung beginnen. Wenn Sie sich rechts halten, dann erreichen

▲ Schneesturm über den Kratern des Leirhnjúkur (f/20 · 1/50 s · ISO 31 · 14 mm · Filter: Soft GND16)

Sie schon nach kurzer Zeit den ersten kleinen Schlacke-Kegel, der sich bestens in Szene setzen lässt. Vor allem an bewölkten Tagen nach einem Regenschauer ist diese Gegend sehr beeindruckend. Tiefhängende Wolken vermischen sich mit dem verdampfenden Wasser des Bodens und bilden eine wirklich mystische Atmosphäre, die einen gefühlt zurück in die Zeit der Entstehung der Erde führt.

Auch im Winter ist diese Gegend sehr zu empfehlen. Auf Grund des vielen und tiefen Schnees und der häufig vorherrschenden Stürme sollten Sie dies nicht auf eigene Faust versuchen. Ich selbst habe es schon mit einem erfahrenen Tourguide erlebt, dass ich in diesem Gebiet, das ich wirklich gut kenne, bei einem Schneesturm vollkommen die Orientierung verloren habe. Ohne Guide hätte das sehr gefährlich werden können – so war es für mich und meine Frau ein unglaubliches Abenteuer. Denn auch im tiefsten Winter dampft es in den einzelnen Kratern noch immer aus der Tiefe der Erde und die Wärme ist spürbar (was bei mir zu einem vollkommen vereisten Bart führte). Als Tourguide kann ich Ihnen auch hier IceAk (*www.iceak.is*) wärmstens empfehlen. Ich habe die Leirhnjúkur-Gegend und die Wasserfalltour zum Aldeyjarfoss mit einer privat gebuchten Tour verbunden und so einen abenteuer- und fotoreichen Tag erlebt.

TIPP

Wenn Sie schon immer ein geothermales Kraftwerk von innen sehen wollten, dann bietet sich Ihnen beim Krafla-Kraftwerk die Möglichkeit. Das Kröflustöð ist im Sommer für Besucher geöffnet. Leider gibt es keine verlässliche Angabe zu den Öffnungszeiten, so dass es sich anbietet, einfach einen kurzen Stopp am Hauptgebäude einzulegen und dort zu fragen. Wer schon vorab ein wenig über dieses mächtige Kraftwerk lesen möchte (in Englisch), der kann dies auf der offiziellen Webseite tun unter: *www.landsvirkjun.com/company/powerstations/kraflapowerstation*

Parkplatz

Location

7 DETTIFOSS

Entfernung: ca. eine Stunde von Hverir aus, ca. zwei Stunden von Laugar aus
Beste Tageszeit: Sonnenuntergang, jederzeit bei bewölktem Himmel
Beste Jahreszeit: Sommer, Herbst, Winter
Ausstattung: keine Besonderheiten
Art: Selbstfahrer im Sommer und Herbst, als geführte Tour im Winter
Koordinaten Parkplatz: 65.819144, -16.379198
Koordinaten Location: 65.815189, -16.384057

Etwa eine Stunde Fahrt von Hverir aus befindet sich Europas wasserreichster Wasserfall, Dettifoss genannt. Dieser beeindruckende Wasserfall donnert mit seinen Wassermassen etwa 45 Meter in die Tiefe und das über eine Breite von beinahe 100 Metern. Vor allem, wenn Sie direkt an der Fallkannte stehen und in die grauen Wassermassen blicken, die in die Tiefe stürzen, spürt man, welche Dimensionen die einen umgebende Natur bereithält. Für mich sind gerade solche Momente immer wieder sehr eindrücklich und vermitteln mir nicht nur, wie wunderschön unsere Welt doch ist, sondern auch, welch kleine Rolle wir Menschen in ihr spielen.

Um den Dettifoss zu erreichen, gibt es mittlerweile zwei verschiedene Möglichkeiten: entlang des westlichen Flussufers oder entlang des östlichen. Auch wenn es sich bei der Straße auf der Westseite um die mittlerweile am besten ausgebaute Straße handelt, empfehle ich Ihnen, die etwas anstrengendere und längere Fahrt auf der östlichen Uferseite zu wählen. Da die westliche Straße geteert ist, wird sie von einer Unzahl an Reisebussen befahren. Entsprechend viele Menschen tummeln sich daher auf dieser Seite des Wasserfalls. Dazu kommt noch, dass der Blick in Richtung Wasserfall und Fluss von der östlichen Seite

Der tosende Dettifoss im Sommer
(f/11 · 4 s · ISO 100 · 14 mm · Filter: Soft GND16, ND64)

wesentlich beeindruckender und fotogener ist und ein guter Fußweg gleich weiter zu unserem nächsten Ziel, dem Selfoss, führt.

Da die östliche Straße zum Dettifoss nicht geteert ist und man die letzten 30 Kilometer auf einer ausgefahrenen Schotterpiste zurücklegen muss, empfehle ich Ihnen je nach Auto und fahrerischem Können, etwas mehr Zeit als die oben angegebene einzuplanen.

Der Dettifoss liegt mit einem kleinen Umweg auf dem weiteren Weg in Richtung Osten. Daher bietet es sich auch an, diesen Ausflug auf der Weiterfahrt als kleine Unterbrechung mit einzuplanen und nicht extra einen weiteren Tag im Norden dafür zu verbringen.

Sie erreichen ihn, wenn Sie in östlicher Richtung auf der Ringstraße Nummer 1 entlangfahren. Kurz nachdem Sie eine große Brücke über die Jökulsá á Fjöllum, den Fluss, der den Dettifoss bildet, überquert haben, zweigt schon bald zu Ihrer Linken die 864 (Hólsfjallavegur) in Richtung Norden zum Dettifoss ab. Die Fahrt über diese Schotterstraße ist mit einem guten 4×4-Auto sehr einfach zu fahren, vor allem wenn man nicht zu langsam fährt und somit nicht jede Welle der ausgefahrenen Straße mitnimmt. Achten Sie nur auf die teilweise tiefen Schlaglöcher. Je nach Zustand der

◀ An der Fallkante des Dettifoss (f/11 · 4 s · ISO 100 · 14 mm · Filter: Soft GND16, ND64)

Straße erreichen Sie nach ca. 30 bis 45 Minuten die beschilderte Abzweigung zum Dettifoss, die Sie direkt auf einen gutbesuchten Parkplatz führt.

An der Südseite des Parkplatzes verläuft ein direkter Weg in Richtung Fluss und Wasserfall. Der Abstieg in den Canyon über große Steinstufen ist leicht zu bewältigen, seien Sie nur ein wenig vorsichtig bei nassem Wetter, da es dann durchaus rutschig werden kann. Halten Sie sich auf dem Hauptweg immer rechts, so dass Sie direkt an den Rand des tief eingeschnittenen Flusslaufs gelangen. Beim vorsichtigen Blick über die Kante in die Tiefe können Sie immer wieder einen Blick auf die herabstürzenden Wassermassen erhaschen und es bieten sich zahlreiche Möglichkeiten für Fotos. Ich empfehle immer, die grauen, basaltartigen Steine im Vordergrund mit in das Bild einzubinden, lassen sie den mächtigen Wasserfall doch noch gewaltiger und grauer erscheinen.

Wenn Sie am Flussufer weiter in Richtung Fallkante des Dettifoss laufen, erreichen Sie kurz davor einen kleinen Absatz, ein wenig tiefer gelagert. Von hier hat man einen ausgezeichneten Blick auf den gesamten Wasserfall.

ACHTUNG

Bitte seien Sie an diesem Wasserfall besonders vorsichtig, wenn Sie sich an der brüchigen Kante zum Canyon und zum Wasserfall bewegen. Viele der Steine sind lose oder unterspült durch die Wassermassen. Vor allem bei Regen sind die Steine oftmals glitschig. Da es keinerlei Absperrungen gibt, sollte man hier immer bedächtig zu Werk gehen und vor lauter Begeisterung für das Motiv nie die eigene Sicherheit aus den Augen verlieren.

Vor allem in den letzten Jahren hat sich auch noch eine weitere Gefahr ergeben. Durch das gestiegene Aufkommen an Touristen sollten Sie nicht nur auf sich selbst achten, sondern auch auf die Sie umgebenden Menschen. Diese halten leider sehr häufig keinen Abstand ein und bewegen sich dabei selbst sehr ungelenk und unerfahren in diesem gefährlichen Gelände. Ich habe im letzten Sommer selbst erlebt, dass ich – kaum hatte ich einen besonderen Fotospot für mich entdeckt – in kurzer Zeit von einer Gruppe aufdringlicher Touristen umringt war, die genau das gleiche Bild aufnehmen wollten. Dabei nahmen sie keinerlei Rücksicht auf mich und drängelten. Dies kann sehr schnell zu gefährlichen Situationen führen, wenn man selbst auf die eigene Kamera fixiert ist.

8 SELFOSS

Entfernung: ca. 60 Minuten von Hverir aus, ca. zwei Stunden von Laugar aus bis zum Dettifoss, von dort ca. 15–20 Minuten zu Fuß
Beste Tageszeit: Sonnenuntergang, jederzeit bei bewölktem Himmel
Beste Jahreszeit: Sommer, Herbst
Ausstattung: festes Schuhwerk
Art: Selbstfahrer
Koordinaten Parkplatz: 65.819144, -16.379198
Koordinaten Location: 65.806122, -16.386534

Parkplatz

Location

Wenn Sie dem vor allem im Sommer vorherrschenden Touristenrummel entfliehen möchten, dann empfehle ich Ihnen die kleine Wanderung flussaufwärts entlang der Jökulsá á Fjöllum zum Selfoss.

Auch wenn hier die Wassermassen nur etwa zehn Meter in die Tiefe stürzen, ist dieser Wasserfall nicht minder beeindruckend als der Dettifoss. Hier stürzt das Wasser nicht über eine gerade Fallkante hinunter, sondern hufeisenförmig, teilweise sogar seitlich zum Verlauf des Flusses. So kommt es, dass auf einer Strecke von einigen hundert Metern kleinere Wasserfälle in den Fluss hinabfließen, bis man den eigentlichen, u-förmigen Wasserfall erreicht.

Der Weg dorthin beginnt im Canyon direkt beim Dettifoss und ist zum Teil beschildert, zum Teil durch kleine Pfosten markiert. Wenn Sie, am Dettifoss stehend, den Fluss im Rücken, in Richtung Canyon-Wand blicken und gerade auf diese zulaufen, dann erreichen Sie den flussaufwärts führenden Weg, der Sie über einige größere Steine und zwischen großen Felsen hindurch auf eine weite Ebene führt. Folgen Sie dort dem nun einfach zu

Die Wassermassen des Selfoss stürzen in den Fluss
(f/10 · 2 s · ISO 50 · 14 mm · Filter: Soft GND16, ND64)

Blick auf die vielen kleinen Wasserfälle, Basaltsäulen im Vordergrund
(f/11 · 4 s · ISO 50 · 14 mm · Filter: Soft GND16, ND64)

laufenden Weg immer weiter entlang des Flusses. Schon von weitem können Sie die Gischt und die ersten kleineren Wasserfälle sehen.

Der für mich beeindruckendste Platz an diesem Wasserfall ist an der Stelle, an der der u-förmige Teil des Wasserfalls beginnt. Hier bieten sich zahllose Fotomöglichkeiten.

DER OSTEN ISLANDS

TOUR 4

Nur 2,5 Stunden Fahrt entfernt liegt unser Ziel für diesen Fahrtag entfernt. Der Weg nach Egilsstaðir führt Sie von Laugar am Mývatn und seinen Sehenswürdigkeiten entlang, vorbei an Hverir mit seinen brodelnden Solfataren. Wenn Sie sich dazu entschieden haben, den Abstecher zum Dettifoss an diesem Tag zu fahren, dann verlängert sich Ihre Fahrt natürlich um diese Strecke, was aber auf Grund der kurzen Strecke bis Egilsstaðir sehr gut zu schaffen ist.

WISSENSWERTES

Fahrzeit: Von Laugar bis nach Egilsstaðir beträgt die Fahrzeit ca. 2,5 Stunden.

Unterkunftsmöglichkeiten: In und um Egilsstaðir gibt es zahlreiche Unterkunftsmöglichkeiten, die vom Campingplatz bis hin zum Hotel reichen. Als größte Stadt im Osten bietet Ihnen Egilsstaðir die perfekte Infrastruktur, um Vorräte aufzufrischen, zu tanken oder in einem der Restaurants zu essen.

Wenn Sie ab der Abzweigung zum Dettifoss immer wieder einmal nach rechts blicken, dann können Sie bei guter Sicht einen der schönsten Berge Islands bewundern, die Herðubreið (übersetzt »die Breitschultrige«). Dieser auffällige, wunderschön geformte Tafelvulkan liegt mitten im isländischen Hochland und ist nur über zahlreiche und tiefe Flussdurchquerungen zu erreichen. Wenn man die Göttersagen der Edda auf Island umsetzt, liegt Asgard, die uneinnehmbare Götterfestung, auf diesem Berg. Die Fahrt führt Sie weiter durch eine wüstenartige Gegend aus Sand und Steinen, die »Missetäterwüste« (Ódáðahraun). Über den Ursprung dieses Namens gibt es unterschiedliche Meinungen. Die vermutlich treffendste ist, dass in früheren Zeiten Verbrecher, die als vogelfrei verurteilt waren, in diese Wüste flohen, um sich dort fernab der Zivilisation zu verstecken. Auf der weiteren Fahrt verändert sich die Landschaft immer wieder, bis Sie kurz vor Egilsstaðir den See Lagarfljót erreichen. In diesem langgestreckten See haust der isländischen Sage nach ein Ungeheuer, der Lagarfljótwurm. Nachlesen können Sie diese Geschichte in der Sammlung isländischer Volksmärchen und Legenden, geschrieben von Jón Árnason. Auf der östlichen Seite des Sees befindet sich das größte, zusammenhängende Waldgebiet Islands, Hallormsstaðaskógur.

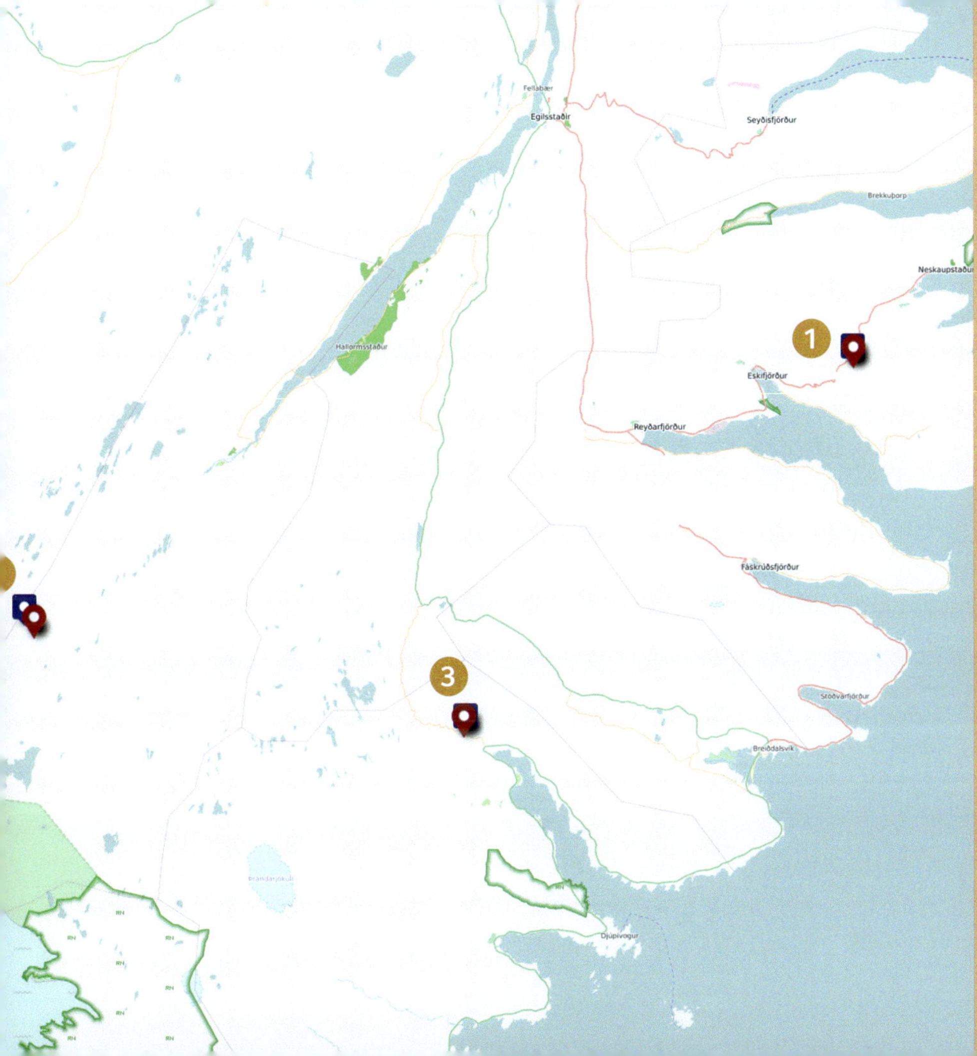

DER OSTEN ISLANDS
TOUR 4

1. DIE KLEINEN BÄCHE DES NORÐFJÖRÐUR
2. HOCHLANDTOUR ZUM KIRKJUFOSS
3. ÜBER DIE ALTE RINGSTRASSE ÖXI ZUM FOLALDAFOSS

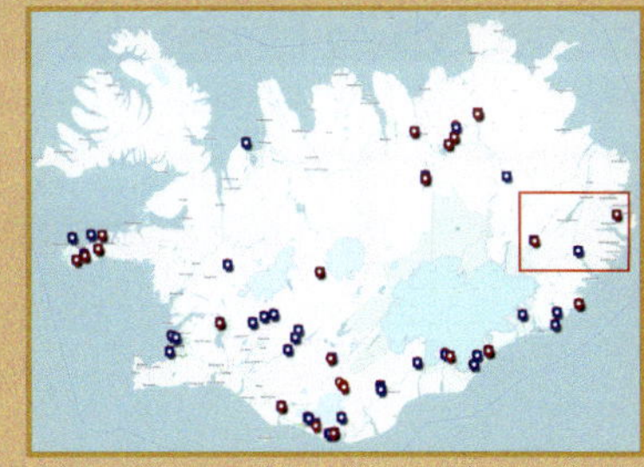

Parkplatz

Location

1 DIE KLEINEN BÄCHE DES NORÐFJÖRÐUR

Entfernung: ca. eine Stunde Fahrt von Egilsstaðir aus
Beste Tageszeit: jederzeit, je bewölkter, desto besser
Beste Jahreszeit: Sommer, Herbst
Ausstattung: festes Schuhwerk
Art: Selbstfahrer
Koordinaten Parkplatz: 65.078656, −13.859394
Koordinaten Location: 65.076679, −13.858391

Der Osten Islands ist geprägt von tief in die Landschaft einschneidenden Fjorden, umgeben von steil abfallenden Bergen. Einer der schönsten und abgelegensten Fjorde ist der Norðfjörður, in dem die Stadt Neskaupstaður liegt. Zu erreichen ist er mittlerweile durch einen modernen Tunnel. Schon kurz nach dem Durchfahren des Tunnels können Sie zahlreiche kleine Bäche und Flüsse sehen, die die Berghänge über kleine Wasserfälle hinunterfließen, umgeben von leuchtendem Moos. Ich habe dort die perfekte Stelle gefunden, an der Sie direkt von einem kleinen, nicht markierten Parkplatz an einem Bachlauf entlang in die Berge laufen können und zahllose Gelegenheiten bekommen, diese Wasserläufe mit dem leuchtenden Moos und den Bergen im Hintergrund zu fotografieren.

Von Egilsstaðir aus erreichen Sie den Norðfjörður, indem Sie in der Stadt auf die 1 nach Reyðarfjörður fahren, hier auf die 92 (Norðfjarðarvegur) wechseln und ihr folgen bis zum heutigen Ziel. Nach einiger Fahrzeit erreichen Sie den ersten größeren Ort, Reyðarfjörður. Direkt hinter dem Städtchen befindet sich eines der großen Aluminiumwerke, die sich in Island wegen der günstigen Stromkosten angesiedelt haben und mittler-

◀ Die Langzeitbelichtung bringt das Wasser in Bewegung (f/14 · 5 s · ISO 50 · 14 mm · Filter: Soft GND16, ND64)

weile auch in der Bevölkerung sehr umstritten sind. Für dieses Werk mit Namen Alcoa Fjarðaál wurde sogar extra ein großer Staudamm (Kárahnjúkar-Staudamm) im Hochland nördlich des Sees Lagarfljót gebaut, mit dem die beiden Flüsse Jökulsá á Brú und Jökulsá í Fljótsdal aufgestaut wurden und dabei ein ganzes Tal geflutet wurde.

Durch riesige, über sieben Meter dicke, unterirdische Rohre wird das aufgestaute Wasser in das Kraftwerk, das direkt am Lagarfljót liegt, geleitet und treibt dort die Turbinen an. Unsere nächste Tour wird uns ganz in die Nähe dieses Staudamms bringen. Nach kurzer Weiterfahrt erreichen wir das Städtchen Eskifjörður. Ab hier führte früher die 92 steil den Berghang hinauf über den Pass Oddskarð,

▲
Panorama-aufnahme über das weite Tal des Norðfjörður (f/14 · 1/13 s · ISO 50 · 14mm · Filter: Soft GND16)

die höchstgelegene Straße Islands, wenn man von einigen Straßen im tiefen Hochland einmal absieht hinein in einen einspurigen Tunnel. Seit 2017 gibt es hier nun einen neuen Tunnel mit Namen Norðfjarðargöng. Dieser am Ortseingang gelegene Tunnel wurde zweispurig ausgebaut und ist mit rund 7,9 Kilometern der nun längste Islands. Gerade die Einwohner von Neskaupstaður hatten diesen Durchbruch sehnsüchtig erwartet, da es vor allem im Winter immer wieder zu Straßensperrungen auf dem hochgelegenen Pass kam. Grund dafür waren die großen Schneemassen, die sich dort oft ansammelten. Gerade bei Krankentransporten war dies ein großes Problem. Kam es doch vor, dass in solchen Fällen ein Schneeräumer

Die kleinen Bachläufe bieten eine Unzahl an wunderschönen Motiven (f/14 · 1/13 s · ISO 50 · 14 mm · Filter: Soft GND16)

direkt vor dem Krankenwagen fahren musste, damit dieser einen Notfall auch erreichen konnte. Heute können Sie sich die auch im Sommer abenteuerliche Fahrt über den Pass sparen und erreichen Neskaupstaður bequem zu jeder Jahreszeit.

Kurz nachdem Sie den Tunnel durchfahren haben, gelangen Sie an die Abzweigung zur alten 92 (Skuggahlíðarvegur), die in einem scharfen Knick nach rechts abbiegt. Folgen Sie dieser Abzweigung, bis Sie die Koordinaten der kleinen, unbeschilderten Parkmöglichkeit zu Ihrer Rechten erreichen. Stellen Sie hier Ihr Auto ab und überqueren Sie die Straße.

Sie befinden sich nun genau in der Mitte von zwei kleinen Bachläufen. Meine Empfehlung ist, hier dem rechten Lauf in Richtung Berge zu folgen. Gehen Sie dazu einfach am linken Ufer dieses Bachlaufs entlang, bis Sie einen höheren Wasserfall erreichen. Schon hier finden Sie ein tolles Motiv, der Wasserfall im Vordergrund und der weite Blick ins Tal im Hintergrund.

Ein kleiner Trampelpfad führt Sie links neben dem Wasserfall weiter empor auf die nächsthöhere Ebene dieser Wanderung. Der Bachlauf verzweigt sich hier ein wenig und bietet, von leuchtendem Moos umgeben, eine Vielzahl von schönen Motiven und lädt zum Verweilen ein. Die schönsten Bilder habe ich hier mit dem Stativ direkt im Wasser stehend und knapp oberhalb der Wasseroberfläche ausgerichtet aufgenommen. Das fließende Wasser mit einer langen Belichtungszeit verwischt in seiner Bewegung, die schneebedeckten Berge im Hintergrund sind wolkenverhangen. Sie werden sehen, jeden Meter, den Sie dem Flusslauf weiter folgen, ergeben sich immer neue Motive, die eine Aufnahme wert sind.

TIPP

Einmal im Jahr findet in Neskaupstaður ein immer bekannter werdendes Rockfestival statt. Das Eistnaflug-Festival bietet eine große Vielzahl an isländischen und internationalen Rock- und Heavy-Metal-Bands in einzigartiger Atmosphäre. Das mit gut 1500 Besuchern recht kleine Festival findet in einer großen Turnhalle der örtlichen Schule statt. Es gibt zwei gute Campingplätze, einer speziell für Familien und Besucher wie mich, die des Nachts gerne schlafen möchten, und ein anderer, der für alle feierwütigen Besucher gedacht ist. Die Kombination aus tagsüber zu wandern, sich im nächsten Schwimmbad im Hot Pot zu erholen und nachmittags das Festival zu besuchen, ist in meinen Augen einzigartig. Alle Informationen findet man auf der Festival-Webseite: *www.eistnaflug.is/en*

 HOCHLANDTOUR ZUM KIRKJUFOSS

Entfernung: ca. eine Stunde Fahrt von Egilsstaðir aus
Beste Tageszeit: jederzeit, je bewölkter, desto besser
Beste Jahreszeit: Sommer, Herbst
Ausstattung: festes Schuhwerk, evtl. Ersatzschuhe, da der Untergrund sehr nass sein kann
Art: Selbstfahrer
Koordinaten Parkplatz: 64.886111, -15.352870
Koordinaten Location: 64.877393, -15.335072

Parkplatz

Location

Ausgangspunkt für diese Wanderung ist die schöne Hütte Laugarkofi (übersetzt »Laugarfell-Hütte«), die neben Übernachtungsmöglichkeiten für längere Hochlandtouren auch noch zwei schöne, mit natürlichem heißen Wasser gefüllte Becken zu bieten hat (*www.laugarfell.is/startseite/*).

Von Egilsstaðir aus beginnt unsere Tour auf der 95 in Richtung Süden. Folgen Sie der Straße, bis Sie an die Abzweigung zur 931 (Upphéraðsvegur) kommen, und folgen Sie dieser. Der Weg führt Sie direkt am Ufer des Lagarfljót entlang, durch Islands größten zusammenhängenden Wald Hallormsstaðaskógur. Nach guten 20 Minuten Fahrt kreuzt die 931 den See an einer schmalen Stelle über eine Brücke und führt Sie direkt auf die 933 auf der Nordseite des Lagarfljót, auf die wir in westlicher Richtung nach links einbiegen, um ihr ein kurzes Stück zu folgen, bis auf unserer rechten Seite die 910 in Richtung Hochland abzweigt. Biegen Sie auf die 910 ab, die Sie in engen Serpentinen immer weiter ins Hochland führt. Da es sich bei dieser Straße auch um die Bau- und Versorgungsstraße des schon früher erwähnten Kárahnjúkar-Staudamms handelt,

◀ Der zweigeteilte Kirkjufoss stürzt in die Tiefe (f/16 · 1/100 s · ISO 100 · 19 mm · Filter: Soft GND16)

finden Sie hier eine gut ausgebaute und leicht zu befahrende Straße, der Sie bis zur ausgeschilderten Abzweigung Laugarfell folgen. Die steinige kurze Stichstraße führt Sie direkt zur Hütte, Ihrem Ausgangspunkt.

Bevor Sie mit Ihrer Tour beginnen, sollten Sie unbedingt in die Hütte gehen und mit dem dort anwesenden Personal sprechen. Hier kann man Ihnen bei einer Tasse Kaffee Auskunft über die Beschaffenheit des Wegs und das Wetter geben. Vergessen Sie bitte nicht, dass Sie sich weit im isländischen Hochland befinden und diese Informationen sehr wichtig sind. Zusätzlich gibt es in der Hütte einen sehr guten, kostenlosen Faltprospekt, auf dem der Weg, der unter anderem zum Kirkjufoss führt, gut beschrieben und eingezeichnet ist.

Gebildet werden der Kirkjufoss und zahllose andere Wasserfälle von dem Fluss Jökulsá í Fljótsdal, der vermutlich der Fluss mit den meisten Wasserfällen in ganz Island ist. Sein Gefälle, auf eine Strecke von 30 Kilometer gemessen, beträgt sage und schreibe ganze 600 Meter. Je nachdem, wie viel Zeit Sie für Ihre Wanderung eingeplant haben, können Sie die gesamte Rundwanderung (gute drei Stunden), die in dem Faltblatt der Laugarfell-Hütte beschrieben ist, unternehmen. Zahlreiche Wasserfälle liegen dabei auf Ihrem Weg, allerdings auch unwegsames Gelände, das oft knöcheltief unter Wasser steht. Wenn Sie die kürzere Variante wählen, dann folgen Sie dem markierten Weg einfach in umgekehrter Richtung. So erreichen Sie nach etwa einer halben Stunde Fußmarsch mit dem Kirkjufoss den – meiner Meinung nach – schönsten Wasserfall der Wanderung (64.877393, -15.335072). Zweigeteilt stürzt er über zwei Stufen ca. 40 Meter in die Tiefe. Ich würde Ihnen nicht raten, bis

Kirkjufoss

direkt an die Fallkante hinunterzugehen, da es aus eigener Erfahrung hier sehr glatt und rutschig ist und der Wasserfall viel an Schönheit einbüßt, wenn man versucht, ihn von dort aufzunehmen. Vom höchsten Punkt aus haben Sie den besten Überblick und können neben dem Wasserfall im Vordergrund auch noch den Berg Snæfell im Hintergrund platzieren.

TIPP

Da der Weg zum Kirkjufoss zwar mit kleinen Stangen markiert ist, aber vor allem der Ausgangspunkt bei der Hütte nur schwer zu sehen ist, fragen Sie am besten einfach nach. Dies führt wesentlich schneller zum Ziel, als wenn Sie sich selbst auf die Suche machen – man zeigt Ihnen sehr gerne den Beginn des Wegs.

Das tief eingeschnittene Tal des Kirkjufoss ▶
(f/16 · 1/25 s · ISO 100 · 18 mm · Filter: Soft GND16)

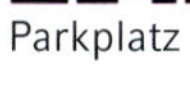
Parkplatz

Location

3 ÜBER DIE ALTE RINGSTRASSE ÖXI ZUM FOLALDAFOSS

Entfernung: ca. eine Stunde Fahrt von Egilsstaðir aus
Beste Tageszeit: Sonnenuntergang, jederzeit bei bewölktem Himmel
Beste Jahreszeit: Sommer, Herbst
Ausstattung: keine Besonderheiten
Art: Selbstfahrer
Koordinaten Parkplatz: 64.805612, -14.558323
Koordinaten Location: 64.804126, -14.559286

Auf dem weiteren Weg in Richtung Süden findet sich ein weiterer, recht unbekannter Wasserfall mit Namen Folaldafoss. Auf Grund seiner Lage empfehle ich Ihnen, diese Tour direkt in Ihre Weiterfahrt in Richtung Höfn mit einzuplanen. Direkt neben der alten Ringstraße gelegen, handelt es sich bei diesem Ausflug sogar um eine Abkürzung des weiteren Fahrwegs. Die im Winter meist gesperrte Straße, die vor vielen Jahren die Hauptverkehrsachse darstellte, erspart Ihnen den großen Umweg, den die neue Ringstraße macht. Nötig wurde der Neubau dieses Abschnitts nur, da es vor allem im Winter sehr schwierig war, die viel steilere alte Ringstraße mit Namen *Öxi* (übersetzt »Axt«) frei von Schnee zu halten. Da die neue Straße also durch flacheres Gelände führen musste, war dies mit einem großen Umweg um den gesamten Fjord herum verbunden. Von Egilsstaðir aus fahren Sie auf der 95 in Richtung Süden weiter. Nach etwa 40 Minuten Fahrt kommen Sie an die Abzweigung, an der sich die neue und die alte Ringstraße trennen. Biegen Sie hier nun nach rechts auf die Öxi (939) ab. Nach weiteren 20 Minuten auf der kurvenreichen Schotterpiste sehen Sie auf der rechten Seite den Folaldafoss und direkt neben der Straße einen unmarkierten Parkplatz. Folgen Sie einfach dem kleinen Trampelpfad in

Die letzten Sonnenstrahlen des Tages scheinen auf die Bergspitzen am Horizont, im Vordergrund der Folaldafoss (f/11 · 1/6 s · ISO 160 · 19 mm · Filter: Soft GND8)

Richtung Fluss und Wasserfall. Auch wenn der Weg im letzten Viertel durch große Steinbrocken führt, ist er leicht zu gehen und Sie können bis direkt an den Wasserfall laufen.

Mein liebster Punkt für Aufnahmen von dieser Stelle ist aber direkt an der Rückwand des kleinen Tals, das zum Wasserfall führt. Da Sie so ein wenig weiter vom Wasserfall entfernt sind und einen höheren Standpunkt haben, ist dieser Punkt vor allem für Panoramaaufnahmen, die den Wasserfall und den Flusslauf zeigen, bestens geeignet.

KLEINER WORKSHOP PANORAMAFOTOGRAFIE

Um ein gutes Panorama aufzunehmen, benötigen Sie neben einem Stativ noch weiteres Equipment und zusätzliche Software.

Equipment: Panoramasystem bestehend aus Panoramaschiene, Panoramaplatte, Befestigungsmöglichkeit auf dem Kugelkopf

Software: Photoshop oder/und eine spezielle Stitchingsoftware wie Panoramastudio

Möglichst gutes Bildmaterial ist der Ausgangspunkt für ein gelungenes Panorama. Dafür reicht es nicht aus, die Kamera einfach auf einem Stativ zu drehen, da hier sogenannte Parallaxenfehler entstehen.

Um zu verstehen, was ein Parallaxenfehler ist, können Sie ein ganz einfaches Experiment durchführen. Strecken Sie einfach einmal Ihren Arm aus, schließen Sie ein Auge und verdecken Sie mit einem Finger der Hand ein entferntes Objekt wie zum Beispiel einen Baum. Drehen Sie nun den Kopf in beide Richtungen hin und her. Sie werden feststellen, dass der Finger sich vor dem verdeckten Hintergrund verschiebt. Genau dieses Phänomen wird auch auftreten, wenn Sie Ihre Kamera einfach auf dem Stativ drehen. So aufgenommene Bilder werden sich bei der Nachbearbeitung am PC nur schwer oder gar nicht sauber zu einem Bild zusammensetzen lassen.

Um solche Parallaxenfehler zu vermeiden, muss Ihre Kamera um den sogenannten NPP (No Parallax Point), im Sprachgebrauch auch oft als »Nodalpunkt« bezeichnet, gedreht werden. Auch wenn der Begriff »Nodalpunkt« nicht ganz korrekt ist, werde ich ihn der Einfachheit halber im Weiteren verwenden, da Sie vor allem im Internet die meisten Anleitungen und Hilfestellungen darunter finden werden, wenn Sie noch mehr Informationen suchen möchten.

Damit sich die Kamera um den Nodalpunkt dreht, benötigen Sie einen sogenannten »Nodalpunktadapter«, meist als »Panoramasystem« bezeichnet. Sehr zu empfehlende Hersteller solcher Produkte sind die Firmen Novoflex (*www.novoflex.de/de/*) oder das KISS von PT4Pano (*https://pt-4pano.com/*). Novoflex bietet eine Reihe von bezahlbaren und qualitativ einwandfreien Panoramalösungen mit guten Anleitungen zur Ermittlung des Nodalpunkts Ihrer Kamera und zur Einstellung des Winkels, um den die Panoramaplatte immer wieder für jedes Bild gedreht werden kann.

Ist der Nodalpunkt einmal für Ihre Kamera-/Objektiv- und Brennweitenkombination ermittelt, markieren Sie sich diesen, so dass Sie vor Ort schnell einsatzbereit sind.

Der KISS-Nodalpunktadapter kommt hingegen schon vorkonfiguriert für Ihre Kamera/Objektiv-Kombination. Nach Erhalt muss hier kein Nodalpunkt mehr ermittelt werden, sondern Sie können sofort mit diesem einfachen und extrem leicht anzuwendenden Adapter in die Fotografie einsteigen. Besonders in Kombination mit dem Rotator von PT4Pano haben hier Anfänger wie Profis ein System, das einfach funktioniert.

Um ein Panorama aufzunehmen, müssen Sie nur noch Ihr Stativ an der entsprechenden Stelle vor Ort platzieren und die Panoramaschiene auf Ihrem Kugelkopf montieren. Ich habe – um dies zu bewerkstelligen – einfach eine Kameramontageplatte, die zu meinem Kugelkopf passt, gekauft und diese anstatt an meine Kamera an den Panoramateller meines Panoramasystems geschraubt. Auf diese Weise kann ich ohne weiteres Zubehör die Kamera über den Kugelkopf – anhand der sich am Panoramasystem befindlichen Wasserwaagen (Libellen) – gerade ausrichten. Wenn Sie auf diesen Schritt verzichten, dann werden Sie Ihr Panorama aller Voraussicht nach schief aufnehmen.

Nachdem Sie die Kamera ausgerichtet haben, fokussieren Sie auf Ihr Motiv. Schalten Sie danach unbedingt den Autofokus Ihrer

Kamera aus, da wir für ein gutes Panorama keine unterschiedlich fokussierten Bilder bekommen dürfen. Weiterhin sehr wichtig ist es, dass Sie Ihre Kamera nicht in einem Automatikmodus verwenden. Dieser würde dafür sorgen, dass jedes Bild unterschiedliche Belichtungszeiten bzw. Blendeneinstellungen erhält. Auch hier müssen alle Bilder identische Werte aufweisen, um sie am Schluss sauber zusammensetzen zu können. Stellen Sie daher Ihre Kamera unbedingt auf den manuellen Modus (M) und wählen Sie die richtige Blende und Belichtungszeit nach dem Fokussieren aus.

Drehen Sie die Kamera an den linken Rand Ihres Motivs und beginnen Sie mit der ersten Aufnahme. Drehen Sie Ihre Kamera nun um den nach obiger Anleitung ermittelten Winkel auf der Panoramaplatte weiter und nehmen Sie das nächste Bild auf. Kontrollieren Sie immer wieder im Sucher, ob Sie das gewünschte Motiv auch wirklich komplett auf Ihren Chip bannen. Drehen Sie die Kamera so lange weiter, bis Sie das gesamte Motiv aufgenommen haben.

Um nun am Computer die einzelnen Bilder wieder zusammensetzen zu können, benötigen Sie entweder Photoshop, das die hierfür benötigte Stitchingfunktion mitbringt, oder eine andere Software. Ich selbst verwende lieber ein Spezialprogramm, Panoramastudio (*www.tshsoft.de/de/panostudio_index*). Sie können dieses Programm sogar zu günstigen Konditionen beim Kauf einer Novoflex-Panoramaschiene gleich miterwerben. In dieses Programm importiert man die Bilder und lässt sie von der Software zu einem Bild zusammensetzen, das dann wie gewohnt weiterbearbeitet werden kann.

DER SÜDOSTEN ISLANDS

TOUR 5

Egal, ob Sie direkt von Egilsstaðir oder dem Folaldafoss in Richtung Höfn fahren, Ihr Weg führt Sie immer an der Südküste Islands entlang auf der Ringstraße Nummer 1. Auch wenn Sie schon kurz vor Höfn auf drei der in dieser Tour beschriebenen Fotolocations stoßen, empfehle ich Ihnen, diese nicht schon bei dieser Gelegenheit »abzuhaken«. Anders als bei den vorangegangenen Locations ist es bei den nachfolgend beschriebenen wieder sehr wichtig, zur richtigen Zeit am richtigen Ort zu sein – zum Sonnenaufgang. Wenn Sie nicht in Höfn übernachten möchten und die im folgenden Kapitel beschriebenen Locations in der Gegend um den Jökulsárlón von einer Unterkunft aus mit anfahren möchten, dann kann

WISSENSWERTES

Fahrzeit: von Egilsstaðir aus ca. 2,45 Stunden (über die Öxi), vom Folaldafoss aus ca. 1,45 Stunden

Unterkunftsmöglichkeiten: In Höfn und Umgebung finden Sie zahlreiche Unterkünfte. Wenn Sie die in diesem Kapitel beschriebenen Ziele mit denen im folgenden Kapitel verbinden möchten, dann können Sie sich auch eine Unterkunft auf halber Strecke zwischen Höfn und dem Jökulsárlón suchen. Empfehlung hierfür sind die Farmunterkünfte Smyrlabjörg (*www.smyrlabjorg.is*) und Brunnhóll (*www.brunnholl.is*).

ich Ihnen die oben genannten Unterkünfte auf etwa halber Strecke zwischen Höfn und dem Jökulsárlón empfehlen. Allerdings müssen Sie dann immer eine gute halbe Stunde mehr an Fahrzeit auf Ihren Touren mit einplanen.

TIPP

Höfn ist für den vor der Küste gefangenen Hummer bekannt. Die kleinen Tiere sind besonders schmackhaft und bei Feinschmeckern über die Landesgrenzen hinaus bekannt. Wenn Sie Meerestiere mögen, sollten Sie ihn unbedingt einmal probieren. Neben den traditionellen und teuren Restaurants am Hafen gibt es im Zentrum von Höfn ein kleines Holzhaus, das das Kaffi Hornið (*www.kaffihornid.is*) beherbergt. Hier können Sie in gemütlicher Atmosphäre traditionelle Gerichte sowie verschiedene Hummer- und Lobster-Speisen probieren (und das zu einem angemessenen Preis). Besonders empfehlenswert ist hier die Lobster-Pasta.

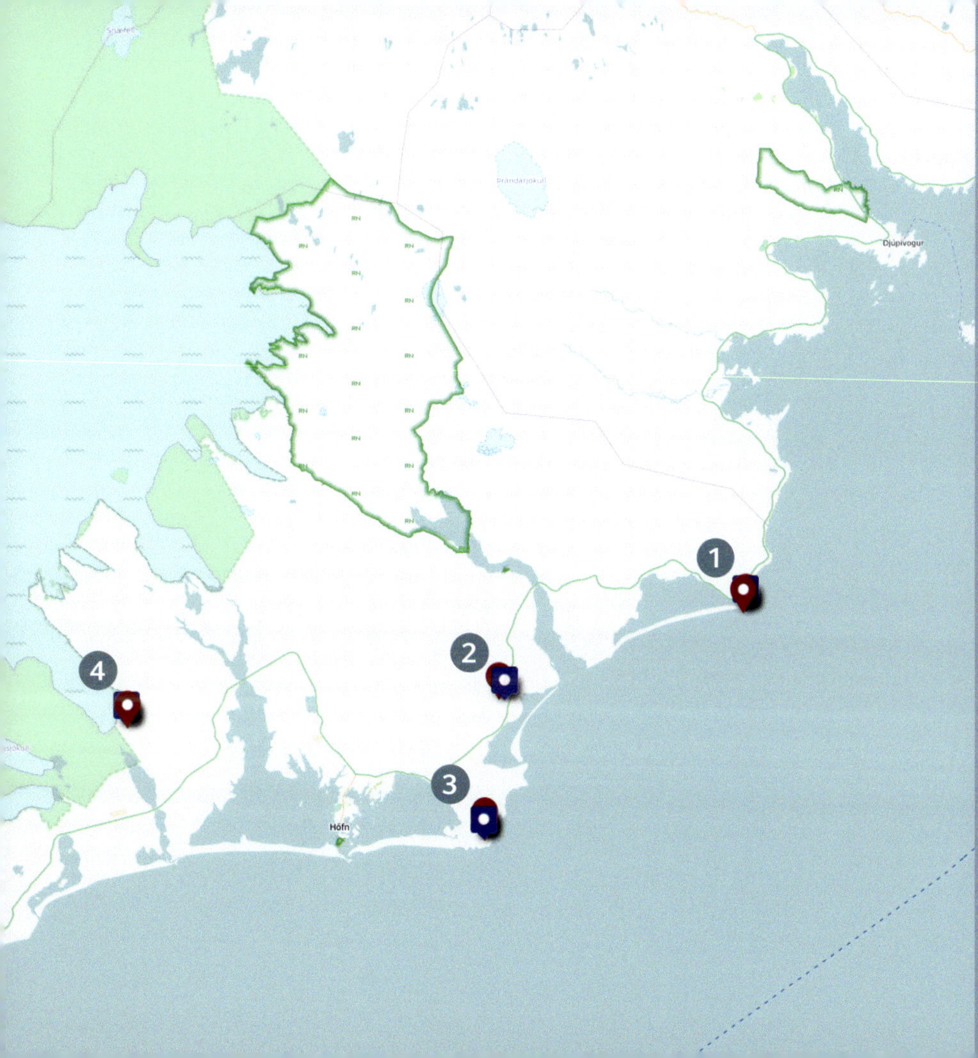

DER SÜDOSTEN ISLANDS

TOUR 5

1. KROSSANESFJALL/ EYSTRAHORN
2. SKÚTAFOSS
3. VESTRAHORN/ KLIFATINDUR
4. FLÁAJÖKULL

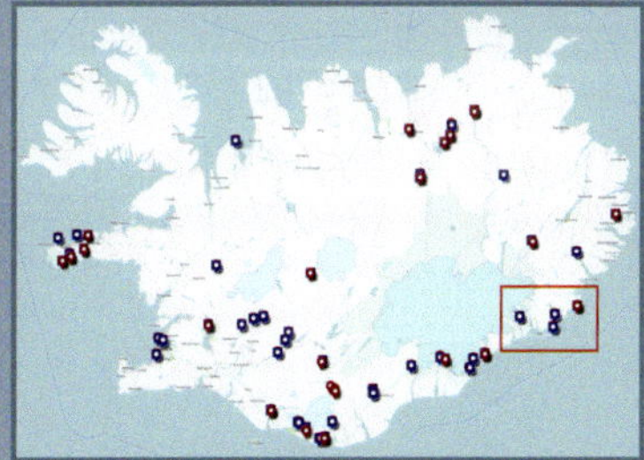

Parkplatz

Location 1

Location 2

❶ KROSSANESFJALL/EYSTRAHORN

Entfernung: ca. 40 Minuten von Höfn aus
Beste Tageszeit: Sonnenaufgang
Beste Jahreszeit: Sommer, Herbst, Winter
Ausstattung: keine Besonderheiten
Art: Selbstfahrer
Koordinaten Parkplatz: 64.403114, -14.540205
Koordinaten Location: 64.401763, -14.544791 und 64.401918, -14.542936

Nebel zieht über die steilen Berge, überschwemmte Wiesen bilden den Vordergrund (f/14 · 25 s · ISO 100 · 14 mm · Filter: Soft GND8, ND64) ▶

Ein noch recht unbekannter, aber nicht minder schöner Berg ist das Ziel unserer heutigen Tour. Häufig als »Eystrahorn« bezeichnet, lautet der eigentliche Name des Bergmassivs Krossanesfjall. Beim Eystrahorn (»östliches Horn« oder »östliche Ecke«) handelt es sich um einen Teil des Krossanesfjall, eine steil aufragende Felsnase.

Die etwa 40 Minuten dauernde Fahrt von Höfn führt Sie auf der Ringstraße Nummer 1 zurück in östlicher Richtung. Aus Höfn kommend fahren Sie auf der 99 aus der Stadt, bis Sie die Kreuzung erreichen, an der die 99 in die Ringstraße übergeht. Biegen Sie hier nach rechts auf die Ringstraße ab und folgen Sie ihr. Schon nach kurzer Zeit erreichen Sie den Tunnel Almannaskarðsgöng. Durchfahren Sie ihn und folgen Sie der Ringstraße, die sich langsam weiter von der Küste entfernt. Nach einiger Fahrzeit nähert sich die Straße wieder der Küste und Sie sehen eine weite Bucht mit einem schmalen Sandstreifen, der mitten im Wasser der Bucht liegt. Am Ende dieser Bucht, wo der Sandstreifen mit der Küste zusammenwächst, liegt unser heutiges Ziel.

Da das Eystrahorn nicht ausgeschildert ist und wir auch nicht auf den häufig genutzten Parkplatz fahren wollen, achten Sie bitte

Starker Regen über dem Skútafoss (f/11 · 1/8 s · ISO 125 · 14 mm · Filter: Soft GND16)

auf der Sie sich befinden, stellen einen interessanten Vordergrund dar.

Bitte seien Sie vorsichtig und wagen Sie sich nicht zu weit an den Rand der Steinplatte, da sie sehr stark über den ausgehöhlten Untergrund ragt und abbrechen könnte.

Parkplatz

Location 1

Location 2

3 VESTRAHORN/KLIFATINDUR

Entfernung: ca. 20 Minuten von Höfn aus
Beste Tageszeit: Sonnenaufgang, nachts
Beste Jahreszeit: Sommer, Herbst, Winter
Ausstattung: Gummistiefel, um in die Brandung gehen zu können
Art: Selbstfahrer
Koordinaten Parkplatz: 64.244047, -14.971412
Koordinaten Location: 64.244593, -14.970678 und 64.248500, -14.969948
Besonderheiten: Diese Location kostet Eintritt.

Das Vestrahorn ist eines der bekanntesten Motive in der Gegend um Höfn. Obwohl oft fotografiert, hat es in meinen Augen nicht an Reiz verloren und ist einen Abstecher vor allem zum Sonnenaufgang wert. Ähnlich wie beim Eystrahorn handelt es sich beim Vestrahorn nur um einen kleinen Teil eines Bergmassivs, es wird aber im Sprachgebrauch meist für das ganze Massiv verwendet, das eigentlich Klifatindur heißt.

Die Gegend um das Vestrahorn ist von einer großen, sandigen Fläche geprägt, die im weiteren Verlauf in eine einzigartige Dünenlandschaft übergeht. Die oft übermannshohen Dünen sind grasbewachsen und ein wunderschöner Vordergrund. Zudem spülen die Wellen hier meist sehr sanft an den flachen Sandstrand und hinterlassen einen feuchten Wasserfilm auf dem Sand, der die schönsten Spiegelungen ermöglicht. Um das Vestrahorn zu erreichen, verlassen Sie Höfn wieder auf der 99 und biegen an der Abzweigung zur Ringstraße nach Osten in Richtung Almannaskarðsgöng-Tunnel ab. Dieses Mal durchqueren wir aber den Tunnel nicht, sondern biegen kurz vor dem Tunneleingang nach rechts ab.

◀ Das Vestrahorn im letzten Licht des Tages
(f/10 · 1/20 s · ISO 640 · 16 mm · Filter: Soft GND8)

Die beschilderte Zufahrt zum Vestrahorn führt über eine Schotterpiste bis direkt an ein kleines Café mit Parkmöglichkeit.

Da sich viele der schönsten Fotomotive auf Privatgrund befinden, verlangen immer mehr Landbesitzer Eintritt von den Besuchern. Oft wird dies als eine Art Abgabe zum Erhalt der Natur gerechtfertigt. Dass es aber vor allem um den Verdienst geht, sieht man sehr schön am Vestrahorn. Musste man noch bis vor kurzem den Eintritt im Café bezahlen oder, wenn das Café geschlossen hatte, in einen kleinen Briefkasten werfen, so wurde mittlerweile eine moderne Schranke, ähnlich wie bei einem Parkhaus, installiert. Um das Ganze noch zu vervollständigen, wurde am Café ein Automat installiert, über den man die Gebühr per Kreditkarte bezahlen kann und dann eine Art Parkticket bekommt, mit dem sich die Schranke öffnen lässt. Ob dies für eine Umweltabgabe nötig gewesen wäre, stelle ich doch sehr in Frage.

Bei meinem letzten Besuch betrug die Gebühr umgerechnet ca. 8 Euro. Dies gilt für einen einmaligen Besuch des Geländes. Sollten Sie sich für das parken am Café entscheiden, so ist auch hier eine Gebühr pro Person zu entrichten.

Rosa Wolken im Morgenlicht (f/10 · 25 s · ISO 200 · 24 mm · Filter: Soft GND16, ND1000)

Nordlichter färben den Himmel grün, die Wolken ziehen im Wind (f/2,8 · 30 s · ISO 2000 · 15 mm)

Wenn Sie durch die Schranke fahren, empfehle ich Ihnen, die Stichstraße bis zum Ende zu fahren. Sie erreichen dort ein abgesperrtes Gelände der isländischen Küstenwache, das sogar mit Kameras überwacht wird. Parken Sie Ihr Auto einfach rechts oder links von der Straße.

Ein ganz besonderer Fotospot verbirgt sich nur ein paar Meter zu Fuß von dieser Stelle. Wenn Sie in Richtung des abgesperrten Gebiets blicken, dann finden Sie auf Ihrer linken Seite direkt an der Absperrung entlang einen Trampelpfad, der Sie in die Dünenlandschaft führt. Wenn die Umstände passen, dann können Sie

◀ Die Dünen bieten immer wieder Stoff für neue Bilder (f/10 · 1/8 s · ISO 100 · 19 mm · Filter: Soft GND16) Morgenlicht

schon nach ein paar Metern in einer Senke einen kleinen See erkennen, in dem sich eine kleine grasbewachsene Insel befindet. Stehen Sie am Ufer des Sees, können Sie darin eine perfekte Spiegelung des Vestrahorns aufnehmen. Die Bedingungen für dieses Bild sind allerdings Windstille und vorangegangener Regen, damit die Senke überhaupt mit Wasser gefüllt ist. Seien Sie also nicht allzu enttäuscht, wenn dieses Bild nicht möglich ist. Auf Ihrem weiteren Weg in diesem Gelände werden Sie noch reichlich mit guten Bildern belohnt.

Von diesem kleinen Pool aus machen Sie sich am besten direkt auf den Weg in die davorliegenden Dünen. Es bieten sich Ihnen zahllose Möglichkeiten für die schönsten Bildkompositionen.

Das Gras der Dünen leuchtet golden im Abendlicht (f/14 · 1/10 s · ISO 125 · 19 mm · Filter: Soft GND16)

Der nasse Sand bildet eine wunderbar spiegelnde Oberfläche (f/10 · 1/6 s · ISO 100 · 14 mm · Filter: Soft GND16) ▶

Von den Dünen aus lohnt es sich, einen Spaziergang zu den langsam heranrollenden Wellen an der Küste zu unternehmen. Oft rollen die Wellen weit auf den flachen Sandstrand und hinterlassen einen Wasserfilm, in dem sich das gesamte Bergmassiv spiegelt. Betreten Sie diese Location mit Gummistiefeln ausgerüstet, dann können Sie in aller Ruhe nach der perfekten Spiegelung suchen, ohne dass Sie sich Gedanken um nasse Füße machen müssen. Ich selbst habe diesen Ort schon oft mit triefenden Schuhen und Hosen verlassen, da ich meine Gummistiefel im Auto vergessen hatte. Neben der schönen Spiegelung lohnt es sich, auch die heranrollenden Wellen mit in das Bild einzubeziehen. Eine längere Belichtungszeit intensiviert die Spiegelung noch einmal und bringt mit den verwischten Wellen zusätzlich Dynamik in das Bild.

④ FLÁAJÖKULL

Entfernung: ca. eine Stunde Fahrt von Höfn aus
Beste Tageszeit: Sonnenuntergang
Beste Jahreszeit: Sommer, Herbst
Ausstattung: keine Besonderheiten
Art: Selbstfahrer
Koordinaten Parkplatz: 64.323204, -15.559436
Koordinaten Location: 64.322884, -15.557592

Parkplatz

Location

Westlich von Höfn verändert sich die Landschaft stark. Vor allem durch Europas größten Gletscher, den Vatnajökiull, geprägt, finden Sie hier zahlreiche Gletscherausläufer, Gletscherseen und Flüsse. Immer wieder lässt sich erahnen, wie gewaltig die Eismassen sind, die sich langsam immer weiter talwärts schieben.

Um einen ersten Eindruck zu bekommen, führt uns unsere nächste Location direkt an eine der unbekannteren Gletscherzungen, den Fláajökull (vom isländischen Wort *flár*, übersetzt »Gefälle«).

Um ihn zu erreichen, verlassen wir Höfn wieder auf der 99, setzen unsere Reise aber auf der Ringstraße in Richtung Westen weiter fort. Auf der gesamten Fahrt lohnt sich immer wieder ein Blick in Richtung Gletscher, vor allem bei schönem Wetter kann man die Eiskappe des Vatnajökull erblicken. Mit Sicherheit werden Sie zahlreiche Fotospots schon unterwegs entdecken. Kurz nachdem Sie die Farmunterkunft Brunnhóll hinter sich gelassen haben, sehen Sie die beschilderte Abzweigung zum Fláajökull auf Ihrer rechten Seite. Die einfach zu befahrende Schotterpiste bringt Sie auf einer äußerst kurvenreichen Strecke direkt an

Der Fláajökull spiegelt sich im Abendlicht in der Lagune (f/18 · 1,3 s · ISO 31 · 14 mm · Filter: Soft GND16)

einen kleinen Parkplatz vor einer Brücke. Je nach Lust und Laune können Sie über diese Brücke die Wanderung in Richtung Gletscherausläufer fortsetzen. Ich selbst habe es immer bevorzugt, anstatt über die Brücke lieber nach rechts dem Weg ein Stück zu folgen, der an dem immer breiter werdenden Gletscherfluss entlangführt. Bei Windstille ist dieser Platz zum Sonnenuntergang bestens geeignet, um die Spiegelung des Fláajökull aufzunehmen.

IM REICH DES VATNAJÖKULL

TOUR 6

Beim Vatnajökull handelt es sich um den größten Gletscher Europas mit einer Fläche von mehr als 8000 km^2. Wie riesig dieser Gigant aus Eis und Schnee ist, lässt sich immer wieder in Ansätzen erahnen, wenn man sich im Süden Islands entlang der Ringstraße bewegt. Zahlreiche Gletscherzungen ragen immer wieder talwärts. Bei gutem Wetter ist darüber auch die mächtige, bis zu 900 Meter dicke, Eiskappe des Vatnajökull zu sehen. Darunter befinden sich einige der aktivsten Vulkane Islands, wie die Caldera des Bárðarbunga, der im August 2014 das letzte Mal ausbrach.

WISSENSWERTES

Fahrzeit: von Höfn aus bis Hali ca. eine Stunde, bis Smyrlabjörg oder Brunnhóll ca. 30 Minuten

Unterkunftsmöglichkeiten: Gute und bezahlbare Unterkunftsmöglichkeiten in der Nähe der beschriebenen Locations sind Hali (*www.hali.is*), Smyrlabjörg (*www.smyrlabjorg.is*) und Brunnhóll (*www.brunnholl.is*). Hali ist dabei die am besten gelegene Unterkunft, deshalb allerdings auch sehr schnell ausgebucht.

Diesen Ausbruch vor Ort zu erleben, war – neben dem Ausbruch des allseits bekannten Eyjafjallajökull – eines der beeindruckendsten Naturschauspiele, die ich auf Island erleben durfte.

Alle in diesem Kapitel beschriebenen Locations führen uns immer wieder dicht an die Ausläufer des Vatnajökull und werden Ihnen auf eindrückliche Art und Weise die Dimensionen dieses Naturwunders zeigen.

Die Auswahl an guten Unterkunftsmöglichkeiten ist trotz steigender Besucherzahlen immer noch sehr gering. Die vorgeschlagenen Möglichkeiten sind die Unterkünfte, die ich selbst immer wieder gerne nutze, wenn ich diese Gegend bereise. Am besten geeignet ist dabei das Hotel Hali, da es gerade einmal 15 Minuten vom Jökulsárlón, der allseits bekannten Gletscherlagune mit ihren darauf treibenden Eisbergen, entfernt liegt. Alle weiteren Fahrzeitangaben werde ich immer von Hali aus berechnen. Sollten Sie in einer der anderen Unterkünfte bleiben, so rechnen Sie bitte immer eine halbe Stunde an zusätzlicher Fahrzeit mit ein.

TIPP

Grundsätzlich lassen sich die Locations ①, ②, ③ und ④ wunderbar in einer Tour zusammenfassen, da sie nur wenige Fahrminuten auseinanderliegen. Bedenken Sie aber, dass Sie es sicher nicht schaffen werden, alle Locations zum perfekten Zeitpunkt, z.B. zum Sonnenaufgang, zu besuchen. Schauen Sie sich doch einfach einmal alle Orte tagsüber auf einer Tour an, damit Sie dann zur richtigen Zeit am für Sie perfekten Ort sein können.

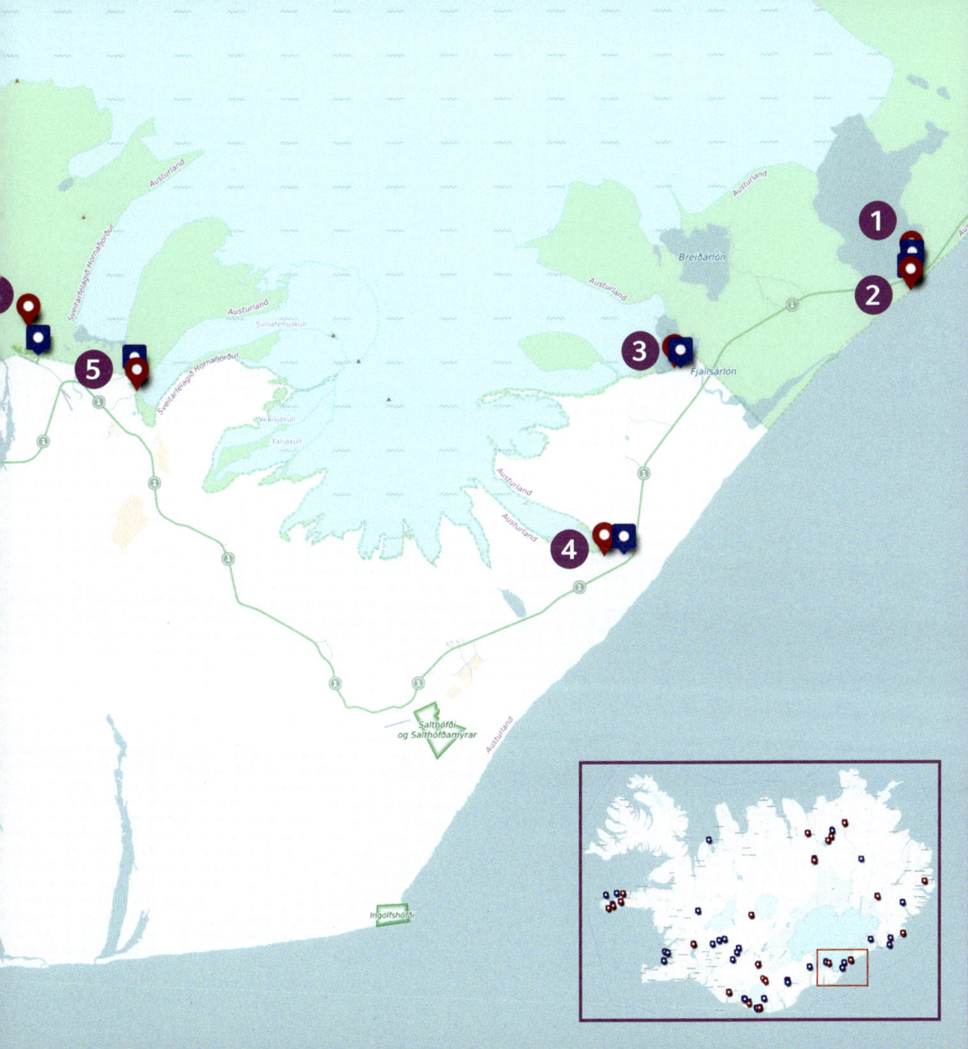

IM REICH DES VATNAJÖKULL

TOUR 6

1. JÖKULSÁRLÓN
2. BREIÐAMERKURSANDUR
3. FJALLSÁRLÓN
4. KVÍÁRJÖKULL
5. SVÍNAFELLSJÖKULL
6. SVARTIFOSS

Parkplatz

Location

❶ JÖKULSÁRLÓN

Entfernung: ca. 15 Minuten von Hali aus
Beste Tageszeit: Sonnenaufgang, Sonnenuntergang, nachts
Beste Jahreszeit: Sommer, Herbst, Winter
Ausstattung: keine Besonderheiten
Art: Selbstfahrer
Koordinaten Parkplatz: 64.048182, -16.179743
Koordinaten Location: 64.050914, -16.180129

Ein seltenes Bild: ▶ der Jökulsárlón von Eisschollen bedeckt bei Vollmond (f/2,8 · 3,2 s · ISO 1250 · 16 mm)

Der Jökulsárlón ist die wohl bekannteste Gletscherlagune der Welt. Genau übersetzt bedeutet der Name »Gletscherflusslagune«. Mit knapp 250 Metern ist die Lagune zugleich der tiefste See Islands. In ihn kalbt die große Gletscherzunge Breiðamerkurjökull, weshalb der genaue Name der Lagune eigentlich »Jökulsárlón á Breiðamerkurjökull« ist. Große Eisberge in den verschiedensten Farben brechen dabei immer wieder von der Gletscherzunge ab und treiben in der Lagune. Bei den blauen Farbtönen handelt es sich um Eisschichten, in denen sehr wenig Luft enthalten ist, weil sie unter großem Druck im Gletscher gepresst wurden. Bei den schwarzen und grauen Schichten handelt es sich um Vulkanasche, die auf den Gletscher niedergeregnet ist und mit in das Eis gepresst wurde. Der Jökulsárlón ist durch einen kurzen Fluss (der kürzeste Islands), die Jökulsá á Breiðamerkursandi, mit dem Meer verbunden. Je nach Wasserstand hat dieser Fluss eine reißende Strömung, mit der zahlreiche Eisberge ins offene Meer getrieben werden. Bei Ebbe kann sich die Fließrichtung des Flusses auch umkehren und auf diesem Wege Salzwasser in die Lagune fließen. So kommt es, dass die Lagune auch im Winter selten zufriert.

Sonnenaufgang über der bekannten Gletscherlagune (f/13 · 1/3 s · ISO 250 · 16 mm · Filter: Soft GND16)

TIPP
Nicht nur tagsüber oder zum Sonnenauf- und Sonnenuntergang sind der Jökulsárlón und der im folgenden beschriebene Breiðamerkursandur einen Besuch wert. Vor allem im Winter lohnt es sich, in einer Vollmondnacht hierher zu kommen. Neben der Chance auf Nordlichter bietet das weiße Mondlicht völlig neue Möglichkeiten zur Fotografie.

Wenn Sie von Hali aus zur Lagune fahren, erreichen Sie nach etwa 15 Minuten Fahrt die Abzweigung zu einem großen und sehr stark frequentierten Parkplatz, direkt vor einer großen Brücke auf der rechten Seite.

Da die Lagune eine der bekanntesten Sehenswürdigkeiten an der Südküste ist, müssen Sie hier tagsüber leider mit wahren Busladungen an Touristen rechnen. Ich empfehle Ihnen daher sehr, diesen wunderschönen Ort möglichst spät abends oder früh morgens aufzusuchen. Nicht nur, dass das Licht zu diesen Tageszeiten viel schöner ist, sondern auch die Anzahl der Besucher ist wesentlich geringer.

Stille herrscht bei diesem Sonnenuntergang, während das Licht die Lagune färbt (f/16 · 1/15 s · ISO 100 · 59 mm · Filter: Soft GND8)

Vom Parkplatz aus können Sie direkt an den Rand der Lagune laufen und auf einem kleinen Weg am Ufer entlangspazieren. Oft reichen schon 100 Meter an Fußweg, um ein wenig weiter vom Trubel entfernt zu sein und in Ruhe das Knacken der Eisberge im Wasser zu genießen. Besonders an windstillen Tagen spiegeln sich die Eisberge oft im stillen Wasser, während die Sonne immer weiter am Himmel emporsteigt.

Eisbrocken auf schwarzem Lavasand, umspült von den Wellen (f/18 · 1/2 s · ISO 64 · 20 mm · Filter: Soft GND16)

TIPP

Wie schon bei den Details der Location aufgeführt, rate ich Ihnen dazu, den Besuch an diesem Strand nur in Gummistiefeln oder noch besser in Wathosen zu unternehmen. Gerade im Eifer der Fotografie übersieht man schnell, dass die Wellen sich verändern und wie aus dem Nichts weit an den Strand heranrollen. Aus eigener Erfahrung kann ich Ihnen sagen, dass es sehr lange dauert, bis Schuhe und Hose nach solch einer Welle wieder getrocknet sind, und eiskalte Füße eine äußerst unangenehme Krönung einer solchen Tour sind.

rechts ab und überqueren Sie die Brücke. Direkt dahinter biegen Sie gleich wieder nach links auf eine etwas steiler nach unten führende Schotterstraße ab. Der sehr breite und ausgefahrene Weg endet direkt an der sandi-

Glänzendes Eis auf schwarzem Sand in der Morgensonne (f/11 · 5 s · ISO 250 · 32 mm · Filter: Soft Reverse GND8)

Unberechenbare Wellen können für nasskalte Erlebnisse sorgen – und für wunderbar bewegte Bilder (f/14 · 1/2 s · ISO 100 · 23 mm · Filter: Soft GND16)

Wellen brechen sich am Eis des Gletschers (f/13 · 0,6 s · ISO 160 · 16 mm · Filter: Soft GND16)

Der rote Sonnenaufgang spiegelt sich in den heranrollenden Wellen (f/14 · 2 s · ISO 100 · 18 mm · Filter: Reverse GND8)

gen Küste. Parken Sie Ihr Auto und spazieren Sie einfach entlang der Küste westwärts. Auch hier werden Sie feststellen, dass es – je weiter Sie laufen – immer einsamer wird. Suchen Sie sich am besten einen oder mehrere Eisbrocken, die immer wieder von den Wellen umspült werden, als Motiv heraus. Wenn Sie nun mit längeren Belichtungszeiten arbeiten, werden Sie die Wellen schön verwischt um die Eisstücke einfangen und so ein wunderbar bewegtes Bild aufnehmen können.

◀ Bei Vollmond am Strand – magische Momente (f/5 · 30 s · ISO 1600 · 23 mm)

TIPP

Ich kann Ihnen diesen Strand vor allem im Winter zum Sonnenaufgang empfehlen. Zu dieser Zeit geht die Sonne direkt über dem Meer am Horizont auf und lässt die Eisstücke im schönsten Licht erstrahlen. Wenn Sie dann in Richtung aufgehende Sonne fotografieren, erhalten Sie unvergleichliche Bilder eines beeindruckenden Ereignisses. Gerade in dieser dunklen Jahreszeit ist es etwas ganz Besonderes, wenn die Sonne wieder über den Horizont klettert. Dies an solch einem Ort zu erleben, ist einfach wunderschön.

Parkplatz

Location

Abzweigung

3 FJALLSÁRLÓN

Entfernung: ca. 25 Minuten von Hali aus, ca. zehn Minuten vom Jökulsárlón aus
Beste Tageszeit: Sonnenaufgang, Sonnenuntergang, nachts
Beste Jahreszeit: Sommer, Herbst, Winter
Ausstattung: keine Besonderheiten
Art: Selbstfahrer
Koordinaten Parkplatz: 64.010847, -16.388400
Koordinaten Location: 64.011373, -16.393525

Herzförmig ▶ verlaufen die Gletscherzungen ins Tal (f/14 · 1/40 s · ISO 100 · 135 mm · Filter: Soft GND8)

Eine immer noch unbekannte Alternative zum Jökulsárlón mit wesentlich weniger Besucherandrang ist der westlich gelegene Fjallsárlón. Auch wenn diese Lagune kleiner als der große, bekanntere Bruder ist und weniger Eisberge auf ihr treiben, so hat auch dieser Ort seinen ganz eigenen Reiz.

Sie können den Fjallsárlón auf zwei Wegen anfahren. Die erste, gut ausgeschilderte Zufahrt finden Sie ein paar Minuten Fahrt vom Jökulsárlon entfernt, wenn Sie die Ringstraße Nummer 1 einfach in Richtung Westen fahren. Sollten Sie Lust auf eine Bootsfahrt auf der Lagune haben, dann ist dies der richtige Weg.

Um zu fotografieren, empfehle ich Ihnen aber einen versteckteren Zugang. Auf diesem Wege kann man abseits vom Rummel der Bootsfahrten und mit nur wenigen anderen Besuchern den Fjallsárlón genießen.

Um diesen Weg zu finden, fahren Sie einfach an der ausgeschilderten Zufahrt vorbei und überqueren die kurz darauffolgende Brücke. Nach etwa 600 Metern führt eine kleine, unmarkierte Straße auf Ihrer rechten Seite in Richtung Lagune. Da diese kleine Abzweigung sehr leicht übersehen wird, habe ich Ihnen hier die genauen Koordinaten der Abzweigung herausgeschrieben: 63.999207, -16.375869.

Wolken spiegeln sich im Fjallsárlón
(f/13 · 25 s · ISO 50 · 16 mm · Filter: Soft GND16, ND1000)

Nach kurzer Strecke stellen Sie fest, dass sich der Weg y-förmig gabelt. Halten Sie sich hier einfach links und Sie werden einen kleinen Parkplatz erreichen. Der Weg an das Ufer der Lagune beginnt direkt an der Nordseite des Parkplatzes und führt Sie erst einen kleinen Hügel hinauf und dann direkt abwärts ans Ufer. Wenn Sie sich – unten angekommen – nach links wenden, dann sehen Sie einen kleinen Bachlauf, der sich perfekt als Vordergrund einbinden lässt. Im Hintergrund sehen Sie auf der linken Seite des Fjallsárlón zwei Gletscherausläufer, die sich herzförmig über die Berge winden. Ein schönes Motiv für den Hintergrund Ihrer Aufnahmen.

TIPP

Wenn Sie diese beeindruckende Gegend ein wenig weiter erkunden möchten, dann können Sie am westlichen Ufer des Fjallsárlón eine schöne kleine Wanderung unternehmen und die Hinterlassenschaften des zurückgehenden Gletschers bewundern. Ich bin dort schon bis direkt an die herzförmigen Gletscherarme gewandert und war sehr beeindruckt von den Stein- und Geröllmassen, in denen immer wieder kleine Vögel brüten. Gutes Schuhwerk ist auf dieser Wanderung zu empfehlen.

❹ KVÍÁRJÖKULL

Entfernung: ca. 30 Minuten von Hali aus, ca. fünf Minuten vom Fjallsárlón aus
Beste Tageszeit: Sonnenaufgang, Sonnenuntergang
Beste Jahreszeit: Sommer, Herbst, Winter
Ausstattung: keine Besonderheiten
Art: Selbstfahrer
Koordinaten Parkplatz: 63.939110, -16.439078
Koordinaten Location: 63.939147, -16.456789

Parkplatz

Location

Ein weiterer kleiner Gletschersee, der nur ein paar Minuten Fahrt vom Fjallsárlón entfernt liegt, befindet sich direkt an einer langgezogenen Gletscherzunge, dem Kvíarjökull. Gerade einmal fünf Minuten dauert die Fahrt dorthin, immer in westlicher Richtung auf der Ringstraße entlang. In diesem Abschnitt verläuft die Ringstraße immer weiter in Richtung Küste, bis sie kurz vor der Abzweigung zum Kvíarjökull in einer Rechtskurve wieder in Richtung Landesinneres führt. Direkt am Ende dieser Kurve finden Sie die Abfahrt, ausgeschildert mit Kvíamýrarkambur, dem genauen Namen der Gletscherzunge. Fahren Sie diese Stichstraße einfach, bis Sie direkt neben einem großen Felsbrocken Parkmöglichkeiten finden.

In nördlicher Richtung führen zahlreiche Trampelpfade in Richtung Gletschersee. Wenn Sie den kleinen Hügel hinter sich gelassen haben, sehen Sie eine weite, steinige und von Moos und Gras bewachsene Fläche, die Lagune und den mächtigen Gletscherausläufer im Hintergrund. Gerade die Strukturen des kargen Bewuchses laden immer wieder zum Fotografieren ein.

Sonnenstrahlen brechen über dem Gletscher durch die dichte Wolkendecke (f/11 · 1/20 s · ISO 100 · 16 mm · Filter: Soft GND16)

◀ Verschiedenfarbiges Moos bildet den wunderschönen Vordergrund des Kvíárjökull (f/11 · 1/20 s · ISO 100 · 23 mm · Filter: Soft GND8)

Vor allem bei tiefhängenden, düsteren Wolken kommt es hier immer wieder vor, dass plötzlich Sonnenstrahlen durch die Wolken brechen und Teile des Gletschers eindrücklich beleuchten.

Parkplatz

Location

❺ SVÍNAFELLSJÖKULL

Entfernung: ca. 55 Minuten von Hali aus
Beste Tageszeit: Sonnenuntergang
Beste Jahreszeit: Sommer, Herbst, Winter
Ausstattung: keine Besonderheiten
Art: Selbstfahrer
Koordinaten Parkplatz: 64.008435, -16.879988
Koordinaten Location: 64.002942, -16.878031

Farbenfroher Sonnenuntergang ▶ über der zugefrorenen Lagune des Svínafellsjökull (f/8 · 25 s · ISO 125 · 14 mm · Filter: Soft GND16, ND64)

Der Svínafellsjökull, eine weitere, sehr beeindruckende Gletscherzunge, befindet sich im ehemaligen Skaftafell-Nationalpark. 1967 wurde dieser zum Schutz der einzigartigen Natur gegründet, 2008 wurde er in den Vatnajökull-Nationalpark eingegliedert.

Die Fahrt entlang der Südküste auf der Ringstraße Nummer 1 beträgt von Hali aus eine knappe Stunde und verläuft immer entlang des mächtigen Vatnajökull und seiner Ausläufer. An der beschilderten Abzweigung zu Ihrer Rechten führt Sie eine ausgefahrene Schotterstraße direkt auf einen größeren Parkplatz am Rand des Gletschers.

Direkt am Ende des Parkplatzes beginnt ein gut ausgebauter Fußweg, der Sie direkt an den Gletscher führt. Wie mächtig und vor allem wie gefährlich diese Welt aus Eis ist, davon zeugt am Ausgang des Parkplatzes eine Gedenktafel, die an einem großen Felsbrocken befestigt ist. Im Jahr 2007 sind hier zwei Deutsche als vermisst gemeldet worden, nachdem sie ihren Heimflug nicht angetreten hatten. Man fand in einer groß angelegten Suchaktion die Zelte der beiden in der Nähe des Svínafellsjökull und ging davon aus, dass die beiden bei einer Tour auf dem Gletscher verunglückt waren. Im Jahr 2010 fanden isländische Bergsteiger Indizien (ein

Am Fuß des mächtigen Gletscherausläufers – ein Panorama dieses Naturwunders (f/14 · 1/3 s · ISO 125 · 14 mm · Filter: Soft GND16)

gespanntes Kletterseil), die darauf hindeuten, dass die beiden den Hvannadalshnjúkur, östlich des Svínafellsjökull gelegen, besteigen wollten. Bis heute sind die beiden 24 und 29 Jahre alten Männer nicht gefunden worden.

Gerade der Svínafellsjökull macht es einem sehr einfach, bis direkt an das Eis der Gletscherzunge zu gelangen. Lassen Sie sich bitte nicht dazu verleiten, auf eigene Faust das Eis zu erklimmen. Nur mit geeigneter Ausrüstung und einem erfahrenen Guide ist dies gefahrlos möglich. Sollten Sie Lust auf solch eine Tour haben, so haben Sie bei der im Folgenden beschriebenen Location die Möglichkeit dazu.

Wenn Sie auf dem Fußweg in Richtung Gletscherzunge laufen, führt dieser Sie automatisch nach links in Richtung Berge. Auch wenn man dort einen schönen Ausblick auf

◀ Abendlicht über der Welt aus Eis (f/10 · 1/3 s · ISO 125 · 14 mm · Filter: Soft GND16)

den Svínafellsjökull hat, empfehle ich Ihnen einen anderen Punkt zur Fotografie, da Sie von dort einen noch besseren Blick in Richtung des Gletschers haben und zudem von den dort vorherrschenden Touristenströmen nahezu verschont bleiben. Gehen Sie dazu von dem Punkt, an dem der Weg am Parkplatz beginnt, nicht auf dem Weg in linker Richtung, sondern gehen Sie einfach gerade über die dortige Kiesfläche an den Rand, an dem es zum Gletschersee hinabgeht.

Halten Sie sich dort rechts auf einem gut sichtbaren Trampelpfad, der Sie in einem Bogen an das Ende des Gletschersees und die letzten Ausläufer der Gletscherzunge führt. Besonders im Winter bietet sich hier ein unheimlich schönes Szenario. Große Eisbrocken liegen am Rand der oftmals zugefrorenen Lagune. Eisplatten, die durch die Kraft des Svínafellsjökull zusammengeschoben wurden, türmen sich auf und man kommt dem Arm des Gletschers so nah wie nur möglich.

◀ Abgebrochene Basaltsäulen am Fuß des Svartifoss in Schwarz-weiß (f/10 · 1/20 s · ISO 160 · 45 mm)

6 SVARTIFOSS

Entfernung: ca. 60 Minuten von Hali, ca. 5 Minuten vom Svínafellsjökull aus
Beste Tageszeit: bewölkter Himmel
Beste Jahreszeit: Sommer, Herbst
Ausstattung: keine Besonderheiten
Art: Selbstfahrer
Koordinaten Parkplatz: 64.016119, -16.966123
Koordinaten Location: 64.027478, -16.975269

Parkplatz

Location

Beim Svartifoss, dem »schwarzen Wasserfall«, handelt es sich um einen kleineren Fall, der eingerahmt von schönen Basaltsäulen etwa 20 Meter in die Tiefe stürzt. Auch wenn dies – verglichen mit den vielen anderen Wasserfällen in Island – kein besonders großer und wasserreicher ist, lohnt sich doch die etwa halbstündige Wanderung dorthin. Konnte man sich früher am Wasserfall noch frei bewegen, so ist heute das Gebiet direkt vor dem Svartifoss eingezäunt. Die fragile Natur hat den vielen Besuchern leider nicht standhalten können und so war es dringend nötig, der Vegetation die Möglichkeit zur Regenerierung zu verschaffen.

Um den Svartifoss zu erreichen, fahren Sie auf der Ringstraße in westlicher Richtung, bis Sie die beschilderte Abzweigung zum Skaftafell auf Ihrer rechten Seite sehen. Biegen Sie dort ab und halten Sie sich bei der nächsten Gabelung rechts. Sie erreichen einen wirklich großen, kostenpflichtigen und viel besuchten Parkplatz, direkt am Besucherinformationszentrum des ehemaligen Skaftafell Nationalparks, des heutigen Vatnajökull Nationalparks. Wenn Sie vor dem Besucherzentrum

VOM SKAFTAFELL NACH VÍK Í MÝRDAL

TOUR 7

Unsere heutige Fahrt führt aus dem Reich des Vatnajökull hinaus über weite Sanderflächen und durch ausgedehnte, mit Moos bewachsene Lavafelder bis nach Vík í Mýrdal, dem Versorgungszentrum im Süden Islands. Vorbei an den Gletscherseen und Gletscherzungen verläuft die Ringstraße Nummer 1 immer weiter in Richtung Westen. Nachdem Sie die Abfahrt zum Svartifoss passiert haben, beginnt die Fahrt durch die großen Sanderflächen des Vatnajökull. Endlos erscheinende

WISSENSWERTES

Fahrzeit: von Hali aus ca. 2,5 Stunden
Unterkunftsmöglichkeiten: In Vík gibt es zahlreiche Unterkünfte. Wer es ein wenig luxuriöser möchte, dem sei das Icelandair Hotel (*www.icelandairhotels.com/de/hotels/vik*) empfohlen. Fantastisch gelegen und, wenn man ein Zimmer in Richtung Meer gebucht hat, mit einem tollen Blick auf die oft stürmische See.

Sandflächen säumen den Weg, durchzogen von breiten Gletscherflüssen, die von erstaunlichen Brückenkonstruktionen überspannt sind. Die zwei längsten Brücken sind dabei nur einspurig zu befahren. Um trotzdem entgegenkommende Fahrzeuge passieren zu können, gibt es immer wieder Ausweichbuchten, in die jeweils zwei Fahrzeuge passen. Beharren Sie lieber nicht darauf, Vorfahrt zu haben, da hier vor allem unerfahrene Fahrer oft sehr rücksichtslos fahren, um die Brücken möglichst schnell zu passieren. Nach etwa 1,45 Stunden Fahrt erreichen Sie das Örtchen mit dem unaussprechlichen Namen Kirkjubæjarklaustur. Angeblich soll sich hier schon vor der Landnahmezeit ein Kloster befunden haben. Heute ist der Ort vor allem ein wichtiger Platz, um sich mit Lebensmitteln und Benzin zu versorgen.

Hinter Kirkjubæjarklaustur erstreckt sich ein langgezogenes Lavafeld mit Namen Eldhraun, entstanden während des Ausbruchs der Laki-Krater von 1783 bis 1784.

Nachdem wir Eldhraun passiert haben, erreichen wir nach einer Weile die schwarzen Sander des Mýrdalsjökull, Islands viertgrößtem Gletscher, und schon kurz darauf das Ziel unserer heutigen Fahrt, Vík í Mýrdal.

Alle im Folgenden beschriebenen Locations liegen mit kleinen Abstechern direkt auf Ihrem Weg und lassen sich perfekt an diesem Fahrtag mit einplanen.

VOM SKAFTAFELL NACH VÍK Í MÝRDAL

TOUR 7

1 LÓMAGNÚPUR

2 FJAÐRÁRGLJÚFUR

3 ELDHRAUN

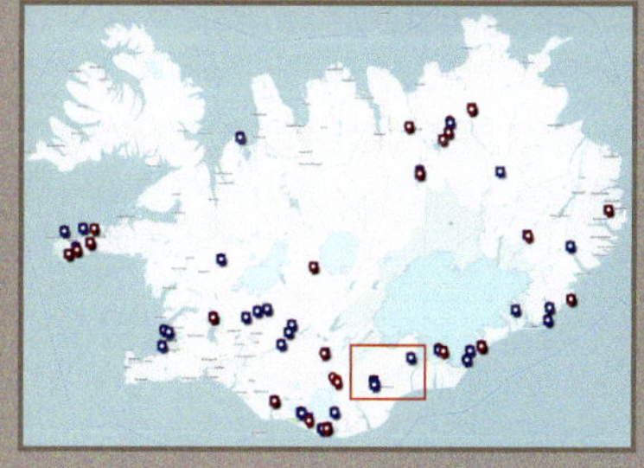

Parkplatz

Location

1 LÓMAGNÚPUR

Entfernung: ca. 1,15 Stunden von Hali aus
Beste Tageszeit: Sonnenuntergang, bewölktes Wetter
Beste Jahreszeit: Sommer, Herbst, Winter
Ausstattung: keine Besonderheiten
Art: Selbstfahrer
Koordinaten Parkplatz: 63.956453, -17.482222
Koordinaten Location: 63.956634, -17.482187

Etwa 1,15 Stunden Fahrt von unserem Ausgangspunkt entfernt befindet sich inmitten schwarzer Sandflächen ein bemerkenswert schöner Berg, der Lómagnúpur. Steil erhebt er sich, weithin sichtbar durch seine markante Form. Der 767 Meter hohe Berg gehört meiner Meinung nach zu den schönsten Bergen Islands und ist einen Fotostopp mehr als wert. Auch wenn Sie den Lómagnúpur auf der freien Ebene schon von Weitem erkennen werden, liegt der perfekte Fotopunkt direkt am Fuß des beeindruckenden Bergs. Kurz nach einer kleinen Brücke erreichen Sie die bei den Koordinaten beschriebene Parkmöglichkeit, eine kleine Bucht direkt neben der Ringstraße, die den perfekten Ausgangspunkt bietet. Je nach Wetter finden sich auf der vor Ihnen liegenden Ebene eine Vielzahl an kleinen Seen und Pfützen. Ideal geeignet, um den sich darin spiegelnden Berg zu fotografieren. Auch im Winter bieten die meist zugefrorenen Seen einen tollen Vordergrund. Meine Lieblingsmotive an dieser Stelle sind allerdings die kleinen, mit Wollgras bewachsenen Flecken, die Sie meist am Rand der kleinen Seen finden. Wenn Sie diese nah in den Vordergrund setzen, erhalten Sie beeindruckende Bilder mit dem Lómagnúpur im Hintergrund.

◀ Wollgras im Vordergrund des markanten Lómagnúpur (f/14 · 1/13 s · ISO 100 · 16 mm · Filter: Soft GND16)

Ein zugefrorener See führt das Auge ins Bild ▶
(f/10 · 1/25 s · ISO 125 · 14 mm · Filter: Soft GND16)

2 FJAÐRÁRGLJÚFUR

Entfernung: ca. 1,45 Stunden von Hali aus, ca. 30 Minuten vom Lómagnúpur aus
Beste Tageszeit: Sonnenuntergang, bewölkter Himmel
Beste Jahreszeit: Sommer, Herbst, Winter
Ausstattung: keine Besonderheiten
Art: Selbstfahrer
Koordinaten Parkplatz: 63.779380, -18.168342 , im Winter 63.771349, -18.172519
Koordinaten Location: 63.778491, -18.174987

Parkplatz Sommer

Parkplatz Winter

Location

Der bis zu 100 Meter tiefe Canyon Fjaðrárgljúfur bietet ein fantastisches Naturschauspiel. Über die Straße 206 ist er durch einen kleinen Abstecher von der Ringstraße leicht zu erreichen. Nur von der Kraft des von den Gletschern abfließenden Wassers geschaffen, erstreckt er sich über die imposante Länge von guten zwei Kilometern. Der Fluss Fjaðrá, durch den er entstanden ist, fließt auch heute noch am Grund des Canyons. Es gibt zwei Möglichkeiten, den Fjaðrárgljúfur zu besuchen. Zum einen kann man mit dem Auto bis an den südlichen Eingang fahren und von dort einen Blick in den Canyon werfen bzw. sogar ein Stück in ihn hineinlaufen. Am rechten Canyonrand führt außerdem ein ansteigender Weg entlang, der einen zu einem schönen Aussichtspunkt am anderen Ende der Schlucht führt. Im Winter ist dies die einzige Möglichkeit, an den Canyon zu fahren, da die F206, die uns zur zweiten Möglichkeit direkt an den am anderen Ende gelegenen Aussichtspunkt bringen würde, gesperrt ist.

Kurz nach Kirkjubæjarklaustur, das wir auf der Ringstraße Nummer 1 verlassen, sehen Sie auf Ihrer rechten Seite die Abzweigung

zur 206. Biegen Sie hier ab und fahren Sie die kleine, geteerte Straße, bis Sie nach einer kleinen Brücke einen steilen, kurzen Hang hinauffahren. Halten Sie sich immer weiter geradeaus. Nach ein paar hundert Metern gelangen Sie wieder an eine Abzweigung. Wenn Sie sich links halten, gelangen Sie wie beschrieben an den südlichen Eingang der Schlucht. Ich empfehle Ihnen aber, hier im Sommer und Herbst nach rechts abzubiegen und direkt an den oberen Rand des Canyons zu fahren. Die Aussicht von dort ist um einiges beeindruckender und es bieten sich wesentlich bessere Möglichkeiten zum Fotografieren. Bitte beachten Sie, dass es sich ab der kleinen Brücke, an der die Teerstraße in eine Schotterpiste übergegangen ist, um eine »F«-Straße, die F206 handelt. Strenggenommen dürfen Sie hier nicht mit Ihrem normalen Mietwagen fahren, sondern Sie benötigen einen 4×4. Die meisten Besucher halten sich hier

▲ Der 100 Meter tiefe Canyon bietet einen beeindruckenden Anblick vom oberen Rand (f/10 · 1/30 s · ISO 125 · 16 mm · Filter: Soft GND16)

allerdings nicht an diese Regel, da die F206 nur für ein sehr kurzes Stück befahren werden muss, bevor die Strecke wirklich rau wird.

Biegen Sie also an der Kreuzung nach rechts ab und fahren Sie die Schotterstraße für ein paar Minuten, bis Sie auf der linken Seite einen kleinen Parkplatz sehen. Von dort führt ein ausgetretener Trampelpfad direkt in Richtung Canyonrand. Gerade hier finden Sie schon den ersten Fotospot, der ideal für eine Panoramaaufnahme des gesamten Canyons ist. Seien Sie nur vorsichtig und gehen Sie nicht zu nah an den ausgebrochenen Rand der Schlucht heran.

Wenn Sie noch ein kleines Stück nach rechts am Rand entlanglaufen, dann haben Sie die Möglichkeit, auf eine kleine, weit in die Schlucht ragende Plattform zu laufen. Von dort haben Sie einen schönen Blick über den gesamten Canyon in südlicher Richtung. Vergessen Sie aber nicht, auch einmal direkt nach unten zu blicken. Sie werden mit einem schönen, kleinen Wasserfall belohnt.

Ein kleiner Wasserfall am tiefen Grund des Canyons (f/14 · 1/10 s · ISO 100 · 24 mm)

Parkplatz

Location

3 ELDHRAUN

Entfernung: ca. 2 Stunden von Hali aus, ca. 15 Minuten vom Fjaðrárgljúfur aus
Beste Tageszeit: Sonnenuntergang, bewölkter Himmel
Beste Jahreszeit: Sommer, Herbst, Winter
Ausstattung: keine Besonderheiten
Art: Selbstfahrer
Koordinaten Parkplatz: 63.746785, -18.160670
Koordinaten Location: 63.746179, -18.160620

Sonnenuntergang über der mit Moos bewachsenen Lava (f/11 · 1/2 s · ISO 100 · 16 mm · Filter: Hard GND8) ▶

Eldhraun, ein gigantisches Lavafeld, entstand beim Ausbruch der Laki-Spalte, einer Kraterreihe, die dem Vulkan Grímsvötn zugeordnet wird. Der zwei Jahre andauernde Ausbruch (1783 bis 1784) wird als einer der größten in der gesamten Geschichte angesehen. Die fatalen Auswirkungen dieses Ausbruchs betrafen nicht nur Island, sondern machten sich in ganz Europa bemerkbar. Riesige Mengen an Schwefeldioxid gelangten in die Luft und erzeugten in Verbindung mit Wasserpartikeln eine noch größere Menge an giftigem Gas, das durch den Wind bis über Europa verteilt wurde. Vor allem Frankreich und Großbritannien traf es besonders hart. Wie dichter Nebel lag es über den Ländern. Es folgte ein strenger Winter, die gesamte nördliche Hemisphäre kühlte um durchschnittlich 1,5 Grad ab, es gab schlechte Ernten und viele Menschen starben. Auch wird angenommen, dass dieses Ereignis seinen Teil zur Entstehung der französischen Revolution beitrug, da es vor allem den hart arbeitenden Menschen noch schlechter ging.

Wenn man heute durch diese Gegend fährt, spürt man nichts mehr von dieser Dramatik, die an diesem Ort ihren Ursprung hatte. Eldhraun ist eines der schönsten Lavafelder Islands, einzigartig durch seine runden Lavabrocken,

Tiefer Schnee bedeckt das Moos auf den Lavabrocken (f/14 · 1/25 s · ISO 100 · 14mm · Filter: Soft GND8)

die sich moosbewachsen über eine endlose Fläche erstrecken. Schon gleich zu Anfang gibt es einen kleinen Parkplatz auf der linken Seite direkt an der Ringstraße. Vom Parkplatz aus führt ein kleiner Weg in das Lavafeld. Wenn Sie diesem einfach folgen, ergeben sich an jeder Ecke neue Fotomöglichkeiten. Suchen Sie sich einen besonders markanten Lavabrocken, den Sie im Vordergrund platzieren.

Bitte gehen Sie nicht auf eigene Faust in das Lavafeld hinein. Die Moose und Flechten, die auf der Lava wachsen, sind unheimlich empfindlich und man zerstört mit einem unbedachten Fußtritt schnell, was über viele Jahre gewachsen ist.

RUND UM DEN MÝRDALSJÖKULL

TOUR 8

Vík í Mýrdal, der Ausgangspunkt für unsere Touren in diesem Kapitel, liegt südlich im Schatten von Islands viertgrößtem Gletscher, dem Mýrdalsjökull. Unter diesem schlummert einer der gefährlichsten und aktivsten Vulkane, Katla genannt. Blickt man in die Vergangenheit zurück, so lässt sich eine Regelmäßigkeit der Ausbrüche alle 40–80 Jahre erkennen. Da der letzte große Ausbruch im Jahr 1918 stattgefunden hat, ist die Katla – wie viele Isländische Vulkane – längst überfällig. Gerade davor fürchten sich die Einwohner des kleinen Städtchens. Denn ein beim Ausbruch

WISSENSWERTES

Fahrzeit: von Hali aus ca. 2,5 Stunden, von der letzten Location auf dem Weg ca. 45 Minuten

Unterkunftsmöglichkeiten: In Vík gibt es zahlreiche Unterkünfte. Wer es ein wenig luxuriöser möchte, dem sei das Icelandair Hotel (*www.icelandairhotels.com/de/hotels/vik*) empfohlen. Fantastisch gelegen und, wenn man ein Zimmer in Richtung Meer gebucht hat, mit einem tollen Blick auf die oft stürmische See.

ACHTUNG

So schön die Strände um Vík auch sind, so gefährlich ist hier die oft extreme Brandung. Vor allem nach Stürmen oder im Winter sind die Wellen unberechenbar. Nach einer Reihe kleiner und nur schwach heranrollender Wellen folgen immer wieder enorm große und weit an die Küste spülende Wellen. Dazu kommt, dass die schwarzen Strände sehr schnell und steil ins Wasser abfallen und so extrem starke Unterströmungen entstehen. Immer wieder kommt es vor, dass unvorsichtige Touristen von einer großen Welle zu Boden geschleudert und durch die Unterströmung regelrecht ins Meer gezogen werden. Ich selbst war in Vík, als es einen solchen, in diesem Fall tödlichen, Unfall gab.

Kein Foto der Welt sollte es wert sein, sein eigenes Leben dafür aufs Spiel zu setzen. Gehen Sie daher bitte nicht zu nah an die Brandung heran, beobachten Sie beim Fotografieren immer die Wellen oder lassen Sie sich durch Mitreisende helfen. Beachten Sie die vielen Warnschilder, die seit dem letzten Unfall überall aufgestellt wurden, und nehmen Sie diese bitte ernst.

auftretender Gletscherlauf – eine Sturzflut, die durch das geschmolzene Eis des Gletschers bei einem Vulkanausbruch entsteht – würde die Wasser-, Eis- und Schlammmassen direkt über das kleine Städtchen hereinbrechen lassen. Welche Auswirkungen schon ein kleiner Gletscherlauf haben kann, bewies die Katla im Jahr 2011 eindrucksvoll. Eine kleine Eruption unter dem Mýrdalsjökull löste einen Gletscherlauf aus, der die Brücke über den Mýrdalssandur und Teile der Ringstraße zerstörte. Da ich zu dieser Zeit gerade in Höfn übernachtete, kam ich ein paar Tage nach dem Ausbruch an diese Stelle und sah mit eigenen Augen, was die Gewalt des Vulkans angerichtet hatte. Nur mit extrem geländegängigen Bussen und Lastern war es möglich, die noch immer anhaltenden Fluten zu durchqueren. Kurzerhand luden die erfinderischen Isländer die Autos der Reisenden auf gigantische Transporter, fuhren sie durch die Fluten und brachten auch uns mittels großen Bussen sicher durch die Wassermassen. Nur einige Wochen später gab es schon eine Behelfsbrücke, die einen normalen Verkehrsfluss an dieser Stelle ermöglichte. Wenn man dies selbst erlebt hat, dann ist es nicht mehr verwunderlich, dass Vík í Mýrdal in ständiger Alarmbereitschaft lebt und jeder Einwohner eine stets gepackte Notfalltasche bereitstehen hat. Regelmäßige Alarmübungen sorgen dafür, dass die Abläufe einer Evakuierung immer präsent sind.

Bei Fotografen und Reisenden ist Vík í Mýrdal (»Die Bucht im Moortal«) vor allem für seine wunderschönen, schwarzen Strände bekannt, die wir zusammen in diesem Kapitel bereisen werden.

RUND UM DEN MÝRDALSJÖKULL

TOUR 8

1. ÞAKGIL
2. DER SCHWARZE STRAND VON VÍK
3. REYNISDRANGAR/ REYNISFJARA
4. KIRKJUFJARA AUSBLICK/ PAPAGEIENTAUCHER
5. DYRHÓLAEY
6. DAS FLUGZEUGWRACK IM SÓLHEIMARSANDUR

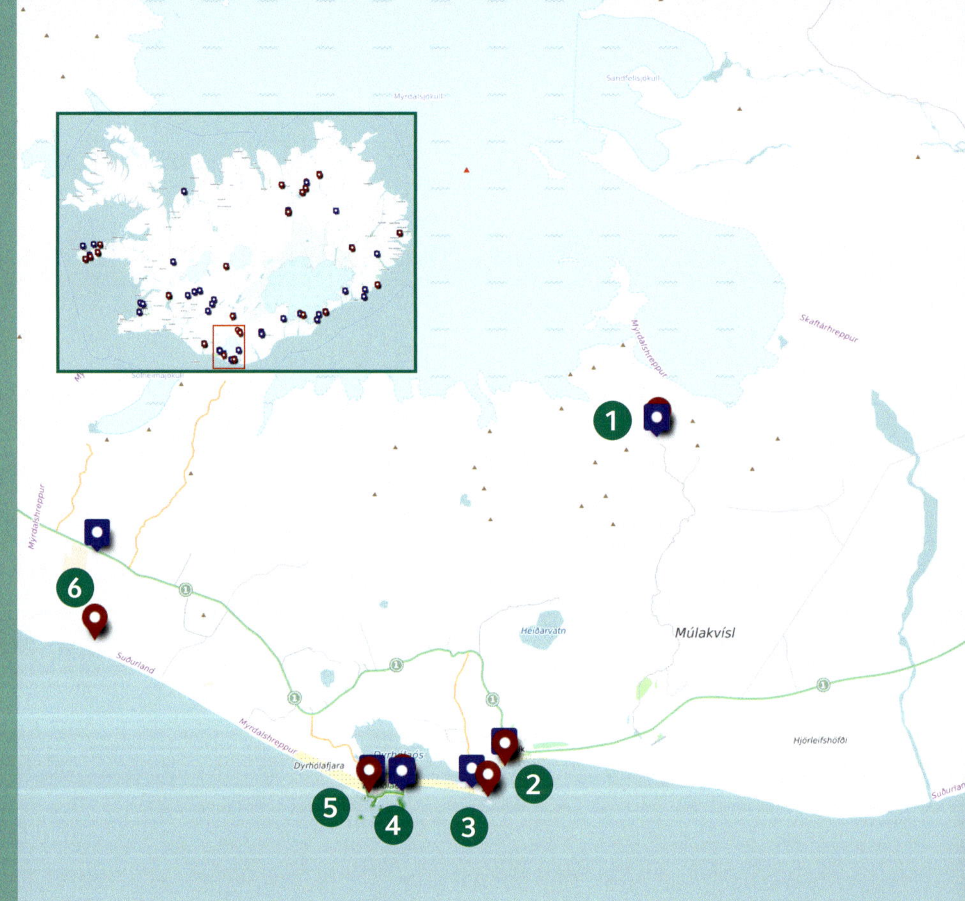

Parkplatz

Location

1 ÞAKGIL

Entfernung: ca. 45 Minuten von Vík í Mýrdal
Beste Tageszeit: tagsüber, je bewölkter, desto besser
Beste Jahreszeit: Sommer, Herbst, Winter
Ausstattung: Gummistiefel oder Wathosen
Auto: 4×4
Art: Selbstfahrer, als Tour im Winter oder wenn kein 4×4-Auto vorhanden ist
Koordinaten Parkplatz: 63.405071, -19.106845
Koordinaten Location: 63.534341, -18.888089

Unsere erste Tour in diesem Kapitel führt uns nicht an einen der wunderschönen Strände der Gegend, sondern vielmehr tief in das Reich des Mýrdalsjökull. Bei der Þakgil (übersetzt »Dach-Schlucht«) handelt es sich um eine versteckt gelegene Schlucht in unmittelbarer Nähe des Gletschers. Am Ende dieser Schlucht fließt ein kleiner Bach durch ein mit Felsbrocken übersätes Flussbett, im Hintergrund erhebt sich ein mit zwei Spitzen versehener Berg. Ein perfekter Ort zum Fotografieren. Nicht nur die Þakgil selbst ist bei dieser Tour das Ziel, auch die Fahrt dorthin bietet unendlich viele Möglichkeiten zum Fotografieren oder aber zum Staunen über die einen umgebende Natur.

Auch wenn es sich beim Kerlingardalsvegur, der Schotterpiste zur Þakgil, nicht um eine F-Straße handelt, kann ich Ihnen die Fahrt mit einem normalen PKW dorthin nicht empfehlen. Die sehr raue Piste ist oft stark ausgefahren, kurvig und steil. Ich habe auf dieser Fahrt schon einige PKW gesehen, die auf halber Strecke wieder umgedreht sind, da ihnen das Risiko aufzusetzen zu groß wurde. Sollten Sie kein 4×4-Auto gemietet haben,

schöne Möglichkeit bietet, um die beeindruckende Gegend näher zu erkunden. Um zu unserem Fotospot zu kommen, fahren Sie einfach die Straße am Campingpatz vorbei bis zum Ende und parken dort Ihr Auto. Direkt neben diesem Parkplatz können Sie eine kleine Brü-

TIPP

Sollten Sie diesen magischen Ort auch im Winter besuchen wollen, dann ist dies nur mit einer geführten Tour möglich. Die großen Schneemassen machen die sehr kurvige Straße oft sogar für Superjeeps unpassierbar. Ein geübter Fahrer wird Sie dann direkt über die Sander des Mýrdalsjökull durch zahlreiche Flüsse in die Schlucht fahren. Der Anblick der schneebedeckten Berge hat etwas ganz Besonderes. Dazu lässt sich diese Tour auch perfekt mit einem Besuch der Eishöhlen unter dem Mýrdalsjökull verbinden.

Mit einem erfahrenen Guide ist dies ein unvergleichliches Erlebnis, bei dem man meistens sogar allein mit seiner Gruppe in der Höhle ist, ganz anders als an den viel zu stark frequentierten Höhlen unter dem Vatnajökull in der Nähe des Jökulsárlón.

Auch hier kann ich Ihnen Katlatrack (*www.katlatrack.is*) wärmstens empfehlen. Guðjón und seine Guides kennen die Gegend wie ihre Westentasche und bereiten Ihnen ein unvergessliches Abenteuer. Dass dabei die Sicherheit immer im Vordergrund steht, sieht man schon daran, dass Katlatrack sogar auch auf einen eventuellen Ausbruch der Katla vorbereitet ist und bereits Notfallpunkte mit Verpflegung eingerichtet hat.

cke erkennen, über die Ihr Weg entlang des rechten Bachufers führt. Der von Felsbrocken, die die steilen Hänge hinuntergefallen sind, übersäte Weg führt am steilen Flussufer immer weiter in die Berge hinein. Schon nach 30 oder 40 Metern bieten sich immer wieder Möglichkeiten, über den Hang hinab an den Fluss zu gelangen. Am besten suchen Sie sich einen der zahlreichen Wasserfälle aus, klettern dort dann den Hang hinab und nutzen die Wasserfälle als schönen Vordergrund. Wenn Sie Gummistiefel oder Wathosen mitgenommen haben, dann lohnt es sich, auch in den kleinen Bach hineinzusteigen. Ich habe so meine schönsten Bilder dort aufgenommen. Zusätzlich ist man so selbst ein willkommenes Motiv für die wenigen dort wandernden Touristen.

Ein Schneesturm färbt den Himmel weiß ▶
(f/10 · 1/15 s · ISO 200 · 14 mm · Filter: Soft GND8)

◀ Sonnenuntergang an einem schneelosen Winterabend (f/10 · 1/20 s · ISO 250 · 16 mm · Filter: Soft GND16)

2 DER SCHWARZE STRAND VON VÍK

Entfernung: fünf Minuten zu Fuß von Vík aus
Beste Tageszeit: Sonnenaufgang, Sonnenuntergang
Beste Jahreszeit: Sommer, Herbst, Winter
Ausstattung: keine Besonderheiten
Art: Selbstfahrer
Koordinaten Parkplatz: 63.414161, -19.017902
Koordinaten Location: 63.413183, -19.017179

Parkplatz

Location

Für diesen Strand aus schwarzem, kleingewaschenem Lavagestein ist Vík í Mýrdal bekannt. Vor vielen Jahren zu einem der zehn schönsten Strände der Welt gewählt, ist dieser Strand unbedingt einen Besuch wert. Wenn Sie in Vík übernachten, dann sind es nur wenige Minuten zu Fuß, um diesen traumhaften Strand zu erreichen. Der schnellste Weg beginnt direkt hinter der Tankstelle und dem danebenliegenden Laden. Gehen Sie einfach über den Hof und Sie werden einen breiten, gut ausgebauten Weg finden, der Sie an eine kleine Kreuzung bringt. Gehen Sie einfach nach rechts weiter und überqueren Sie die kleine Brücke, die schon bald zu sehen ist. Direkt hinter der Brücke halten Sie sich links und gehen einfach in Richtung Küste. Am Strand angekommen empfehle ich Ihnen, ein wenig an der Küste entlang zu spazieren, immer in Richtung Westen auf die steilen Klippen zu. Je weiter Sie in diese Richtung laufen, desto größer werden Sie die markanten Felsnadeln, die drei Reynisdrangar – Skessudrangur, Landdrangur und Langsamur – im Wasser sehen und fotografieren können. Der Sage nach handelt es sich bei den drei im

Immer wieder brechen große Wellen weit an den Strand hinein
(f/10 · 1/40 s · ISO 250 · 17 mm · Filter: Soft GND16)

Meer stehenden Felsen um Trolle, die versucht haben, ein Schiff an Land zu bringen, und dabei wieder einmal von der aufgehenden Sonne erwischt und versteinert wurden.

Die klassische Aufnahme an diesem Strand können Sie selbst ganz leicht aufnehmen, indem Sie in Richtung Wasserkante laufen und die heranrollenden Wellen im Vordergrund mit Reynisdrangar und Steilklippen im Hintergrund abbilden. Bitte achten Sie trotz der schönen Motive immer auf die heranrollenden Wellen, die an diesem Strand unberechenbar sind.

Parkplatz

Location

③ DIE REYNISDRANGAR/REYNISFJARA

Entfernung: ca. 15 Minuten von Vík aus
Beste Tageszeit: Sonnenuntergang, bewölkter Himmel, mittags/nachmittags im Sommer, um an den geheimen Strand zu kommen
Beste Jahreszeit: Sommer, Herbst, Winter
Ausstattung: keine Besonderheiten
Art: Selbstfahrer
Koordinaten Parkplatz: 63.404300, -19.045438
Koordinaten Location: 63.401796, -19.032031

Um die beeindruckenden Reynisdrangar aus der Nähe zu sehen und zu fotografieren, führt unsere nächste Tour uns nach gerade einmal 15 Minuten Fahrt an den nächsten schwarzen Strand in der Gegend um Vík. Wir verlassen dazu die Stadt in Richtung Westen und fahren die ansteigende Ringstraße Nummer 1 und umrunden auf ihr den direkt neben Vík gelegenen Berg Reynisfjall. Auf etwa halber Strecke zweigt zu Ihrer Linken die 215 (Reynishverfisvegur) ab, in die Sie einbiegen. Folgen Sie ihr einfach, bis Sie am Ende einen großen und stark befahrenen Parkplatz direkt neben einem Café erreichen. Gleich neben dem Café beginnt ein von Warnschildern gesäumter Weg, der Sie an den Strand direkt vor den im Wasser stehenden Felsnadeln führt. Die große Anzahl an Warntafeln finden Sie hier, da es an diesem Strand immer wieder zu gefährlichen, mitunter auch tödlich Unfällen auf Grund der unberechenbaren Wellen und der starken Unterströmung kommt. Viele Besucher bringen sich selbst immer wieder in absolute Lebensgefahr, da sie den Schildern keinen Glauben schenken und sogar mit ihren Kindern in der gefährlichen Brandung spielen und gutgemeinte Ratschläge

Die Felstrolle vor der Küste mit rauer See
(f/13 · 1/30 s · ISO 100 · 20 mm · Filter: Soft GND16)

Der geheime Strand mit dem perfekten Blick auf die Reynisdrangar
(f/16 · 1/5 s · ISO 31 · 14 mm · Filter: Soft GND16)

ausschlagen. Bitte nehmen Sie diese Schilder wirklich ernst und seien Sie vorsichtig!

Je nach Wetter und Jahreszeit können Sie am Strand ein ganzes Stück gefahrlos in Richtung der Felsnadeln laufen und die mächtigen Wellen, wenn sie gegen die Felsen schlagen, aufnehmen. Im Sommer, wenn gegen Mittag/Nachmittag Ebbe herrscht und die Wellen nicht sturmgepeitscht sind, gibt es hier auch noch einen kleinen Geheimtipp – ein kleiner,

WARNUNG
Wenn Sie sich an diesen Strand wagen, seien Sie bitte unbedingt vorsichtig. Prüfen Sie, wann genau Ebbe herrscht (am besten direkt im Visitor Center in Vík erfragen), und behalten Sie die Wellen immer genau im Auge. Wenn Sie merken, dass der Wasserstand steigt, sollten Sie den Strand unbedingt wieder verlassen. Wagen Sie auf keinen Fall bei Sturm oder im Winter den Weg über die Felsen. Die Brandung an der ganzen Küste ist vor allem zu diesen Zeiten lebensgefährlich.

gut versteckter Strand direkt gegenüber den Reynisdrangar. Er erfordert allerdings gutes Schuhwerk, Trittfestigkeit und vor allem die nötige Vorsicht und das ständige Beobachten der Wellen. Um den Strand zu erreichen, folgen Sie einfach der Küste nach links, immer auf die steilen Felsnadeln zugehend. Wenn Sie das scheinbare Ende des Strands erreichen, versperrt Ihnen ein großer Haufen Felsbrocken den weiteren Weg. Wenn Sie möglichst nahe an der steilen Felswand über diese Brocken klettern, gelangen Sie an einen nur bei Ebbe zugänglichen Strand, der den perfekten Blick auf die Reynisdrangar bietet. Zahlreiche Steine im heranbrandenden Wasser bilden einen schönen Vordergrund.

 KIRKJUFJARA AUSBLICK/PAPAGEIENTAUCHER

Entfernung: ca. 20 Minuten von Vík, ca. 5 Minuten von den Reynisdrangar aus
Beste Tageszeit: Sonnenaufgang
Beste Jahreszeit: Sommer, Herbst, Winter
Ausstattung: keine Besonderheiten
Foto-Equipment: lange Brennweiten, am besten ein gutes Zoomobjektiv
Art: Selbstfahrer
Koordinaten Parkplatz: 63.405071, -19.106845
Koordinaten Location: 63.404006, -19.103489

Parkplatz

Location

Ein weiterer Ausblick auf die Reynisdrangar und den Strand, an dem wir uns auf der vorherigen Tour befunden haben, bietet sich Ihnen auf der Weiterfahrt in Richtung Westen. Gerade einmal fünf Minuten mit dem Auto entfernt, liegt eine schöne, natürliche Aussichtsmöglichkeit in Richtung Vík und Felsnadeln. Neben diesem Ausblick finden Sie an dieser Stelle eine beeindruckende Lavaformation im Vordergrund und im Sommer die Möglichkeit, Papageientaucher (isl. »Lundi«) aus der Nähe zu beobachten und zu fotografieren.

Von Vík aus fahren Sie einfach auf der Ringstraße in Richtung Westen, vorbei an der Abzweigung zu den Reynisdrangar. Ein paar Minuten später erreichen Sie die Abzweigung zur 218 (Dyrhólavegur). Folgen Sie dem Wegweiser »Dyrhólaey« über die mittlerweile sehr gut ausgebaute Teerstraße. Nach kurzer Fahrzeit sehen Sie auf der linken Seite eine große Lagune, an der wir vorbeifahren. Kaum haben wir sie passiert, erreichen Sie eine Abzweigung direkt nach einem Schafgatter. Fahren Sie einfach geradeaus weiter, da wir den Weg auf das

Morgenrot über der einzigartigen Lavasäule
(f/14 · 1,3 s · ISO 125 · 31 mm · Filter: Soft GND8)

Kap Dyrhólaey im folgenden Kapitel erkunden werden. Einige Minuten später erreichen Sie einen erst kürzlich neu gebauten Parkplatz. Von dort führt Sie ein kurzer Fußweg zum ursprünglichen Parkplatz, der direkt an der Steilküste und damit unseren Fotomotiven liegt. Folgen Sie einfach dem kleinen Weg, der auf die Klippen führt, bis zur ersten Kurve, in der Sie bis dicht an den Klippenrand gehen können. Von hier haben Sie einen wunderbaren Blick in Richtung Reynisdrangar. Im Vordergrund können Sie die sich brechenden Wellen auf dem schwarzen Sand des Strands und die turmartige Lavaformation schön in Szene setzen.

Von genau der gleichen Stelle haben Sie im Sommer auch den besten Blick auf die in den Klippen nistenden Papageientaucher. Die putzigen, ja teilweise tollpatschig wirkenden Vögel bieten Ihnen jede Menge spannender Motive, wenn sie auf den Klippen landen oder von dort zu ihren Ausflügen auf das Meer starten. Ich selbst habe dort schon viele Bilder mit meinem 100–400 mm Zoom aufgenommen. Wenn Sie dem Weg weiter auf die Klippen folgen, haben Sie immer wieder die Chance, wei-

Blick auf die Reynisdrangar am Horizont während die Sonne aufgeht (f/13 · 1/4 s · ISO 40 · 16 mm · Filter: Soft GND16)

links:
Neugieriger Papageientaucher
(f/10 · 1/800 s · ISO 250 · 400 mm)

rechts:
Unendlich viele Fotomotive – Papageientaucher auf den Klippen
(f/10 · 1/1000 s · ISO 250 · 400 mm)

tere Papageientaucher zu erblicken. Der beste Punkt ist allerdings der von mir beschriebene. Sollten Sie noch einen Abstecher an den direkt neben dem Parkplatz gelegenen Strand unternehmen wollen, so seien Sie bitte auch hier äußerst vorsichtig. Erst im Januar 2017 hat hier eine deutsche Touristin ihren Leichtsinn mit dem Leben bezahlt, als sie von einer großen Welle erfasst und ins Meer gezogen wurde.

Blick über die schwarze Küste von hoch oben
auf dem »Türlochfelsen«
(f/14 · 1/5 s · ISO 40 · 14 mm · Filter: Soft GND16)

Parkplatz

Location

⑤ DYRHÓLAEY

Entfernung: ca. 20 Minuten von Vík, ca. 5 Minuten von den Reynisdrangar aus
Beste Tageszeit: Sonnenaufgang
Beste Jahreszeit: Sommer, Herbst, Winter
Ausstattung: keine Besonderheiten
Art: Selbstfahrer
Koordinaten Parkplatz: 63.404347, -19.128818
Koordinaten Location: 63.403199, -19.131399

Dyrhólaey, übersetzt »Türlochinsel«, ist eine 115 Meter hohe Halbinsel, die bei einem Vulkanausbruch vor vielen tausend Jahren entstand. Neben einem Leuchtturm aus dem Jahr 1927 findet man auf dem hohen Plateau einen fantastischen Blick in Richtung Mýrdalsjökull, entlang der Westküste oder aber auf den namensgebenden Teil, eine weit in das Meer hinausragende große Klippe, in die durch die starke Brandung ein großes, mit dem Boot durchquerbares, Loch gespült wurde.

Um diesen Ort zu erreichen, fahren Sie analog zur vorab beschriebenen Location westlich die Ringstraße entlang und biegen links in die 218 (Dyrhólavegur) ein. Wenn Sie, nachdem Sie die Lagune passiert haben, an die Abzweigung kommen, der wir geradeaus gefolgt sind, um zu den Papageientauchern zu gelangen, dann biegen Sie dieses Mal nach rechts ab. Die steile und steinige Straße ist grundsätzlich leicht mit jedem Auto zu befahren, allerdings ist sie sehr eng und oft ist es schwierig, entgegenkommenden Autos auszuweichen. Folgen Sie dieser Straße, bis Sie oben angekommen einen Parkplatz erreichen. Wenn Sie mit Blick in Richtung des Leuchtturms stehen, dann

Ein doppelter Regenbogen überspannt die atemberaubende Aussicht (f/14 · 1/30 s · ISO 31 · 15 mm · Filter: Soft GND8)

empfehle ich Ihnen, sich rechts zu halten und dem an den Klippen entlangführenden Pfad in Richtung Leuchtturm zu folgen. Von hier haben Sie immer wieder einen perfekten Blick in Richtung Westen über den langgezogenen Sandstrand und den am rechten Rand sichtbaren Mýrdalsjökull. Gerade im Winter zum Sonnenaufgang lohnt sich der Weg hier hinauf. Wenn Sie noch Zeit und Lust haben, können Sie einen kleinen Spaziergang in Richtung Leuchtturm und weiter um die ganze Felsspitze herum unternehmen. Vom äußersten Punkt haben Sie einen guten Blick auf den namensgebenden Teil der Klippe und können die Wellen bestaunen, die durch das Brandungsloch schlagen. Leider ist dieser Teil durch einen massiven Zaun nicht zugänglich, so dass sich hier kaum Bilder mit gutem Vordergrund aufnehmen lassen. Meiner Meinung nach ist der Blick in Richtung Westen wesentlich lohnenswerter.

 DAS FLUGZEUGWRACK IM SÓLHEIMARSANDUR

Entfernung: 20 Minuten mit dem Auto von Vík und zusätzlich ca. 1 Stunde Fußmarsch vom Parkplatz aus
Beste Tageszeit: Sonnenuntergang, nachts bei sternenklarem Himmel
Beste Jahreszeit: Sommer, Herbst, Winter
Ausstattung: festes Schuhwerk, nachts unbedingt auch gute Stirn- oder Taschenlampe
Art: Selbstfahrer
Koordinaten Parkplatz: 63.490785, -19.362765
Koordinaten Location: 63.459175, -19.364657

Parkplatz

Location

Ein Motiv, das sich vor allem in den letzten Jahren immer größerer Beliebtheit erfreut, ist das Flugzeugwrack einer Douglas DC-3, die am 24. November 1973 auf der weiten, schwarzen Sandfläche notlanden musste. Um die Gründe für den Absturz ranken sich viele Gerüchte – die wahrscheinlichste Erklärung ist, dass die Maschine so stark vereiste, dass sie zur Notlandung gezwungen wurde. Zumindest ist bekannt, dass die Besatzung des Flugzeugs den Absturz überlebt hat. Bei meinen Besuchen hat es mich immer wieder erstaunt, wie gut dieses Wrack doch trotz seiner über 40 Jahre erhalten ist. Sand und Wind haben zwar die gesamte Farbe entfernt, jedoch ist die Aluhülle des Flugzeugs noch immer gut intakt – vor allem wenn man sich vorstellt, welch rauem Klima die DC-3 doch trotzen musste. Nicht nur die Natur, sondern leider auch die Menschen haben inzwischen immer mehr Spuren hinterlassen. Viele Teile, wie die Triebwerke, das Heck und die Nase des Flugzeugs wurden schon kurz nach der Notlandung entfernt und verkauft oder anderweitig verbaut. Zahlreiche Einschuss-

Der Sonnenuntergang in den Sandern bringt das bekannte Wrack zum leuchten (f/14 · 80 s · ISO 160 · 16 mm · Filter: Soft GND16, ND1000)

Besonders nachts mit einer Lampe im Flugzeugwrack entstehen ganz neue Bildkompositionen (f/2,8 · 30 s · ISO 2000 · 15 mm)

löcher von Schrotkugeln lassen auf ausgedehnte Schießübungen der Isländer schließen. Zu all diesen Veränderungen sind leider auf Grund des hohen Touristenaufkommens auch immer mehr Namen und Sprüche gekommen, die in die Außenhaut des Flugzeugs hineingekratzt wurden. Wirklich schade, dass Menschen dieses Technikdenkmal nicht mit dem nötigen Respekt behandeln.

Spätestens seit Justin Bieber sich mit einem Skateboard auf dem Dach des Flugzeugs zeigte, ist dieses Wrack weit über die Grenzen Islands bekannt geworden. Da es sich auf Privatgelände befindet und viele der Schaulustigen einfach quer über dieses Land zum Flugzeugwrack fuhren und dabei nicht unerheblichen Schaden anrichteten, hat sich der Eigentümer des Geländes dagegen gewehrt und die Zufahrten kurzerhand gesperrt. Um der Touristenströme trotzdem Herr zu werden, wurde eigens ein neuer Parkplatz direkt neben der Ringstraße angelegt. Wer nun zu dieser Besonderheit gelangen möchte, der muss von diesem Parkplatz eine ca. einstündige Wanderung in Kauf nehmen und natürlich die gleiche Zeit für den Rückweg mit einplanen.

Ich kann Ihnen nur empfehlen, diese Tour am Abend oder sogar nachts zu unternehmen. Zu diesen Zeiten werden Sie dort wesentlich weniger Menschen antreffen und Sie können diesen besonderen Ort wirklich genießen. Bitte speichern Sie sich aber unbedingt die Koordinaten des Flugzeugwracks und des Parkplatzes in Ihrem Mobiltelefon oder in Ihrem GPS-Gerät ab und nehmen Sie eine gute Stirn- oder Taschenlampe mit, denn gerade bei Dunkelheit verirrt man sich sehr schnell in dieser schwarzen Sandwüste.

Aufnahmen zum Sonnenuntergang versetzen dieses skurrile Gebilde in ein ganz besonderes Licht. Auf einer meiner Touren dorthin kam mir die Idee, das Flugzeugwrack auch in der Nacht zu besuchen. Ursprünglich mit dem Wunsch, dort Nordlichter aufzunehmen. Leider blieben die Lichter in dieser Nacht aus, was mich dazu brachte, meine Frau mit einer starken Taschenlampe in das Flugzeug zu bitten, um ihm so ein wenig mehr Leben einzuhauchen. So entstand meine Lieblingsaufnahme von diesem Ort (siehe gegenüberliegende Seite).

DIE WASSERFÄLLE DES SÜDENS

TOUR 9

Von Vík í Mýrdal führt uns der heutige Tag aus dem Reich des Mýrdalsjökull hinaus, weiter an der Südküste Islands entlang, bis wir den, vor allem aus dem Jahr 2010 bekannten, Eyjafjallajökull erreichen. Unter diesem knapp 80 km^2 großen Eisriesen befindet sich der gleichnamige Vulkan, der im März 2010 durch seine Aschewolke den Flugverkehr der

WISSENSWERTES

Fahrzeit: von Vík í Mýrdal aus ca. 1,5 Stunden

Unterkunftsmöglichkeiten: Auf dieser Strecke benötigen Sie keine Unterkunft, erst in Selfoss, dem Ziel des heutigen Tages.

Parkplatz

Location

1 DER SKÓGAFOSS

Entfernung: ca. 30 Minuten von Vík í Mýrdal
Beste Tageszeit: jederzeit, vor allem bei bewölktem Himmel
Beste Jahreszeit: Sommer, Herbst, Winter
Ausstattung: keine Besonderheiten
Art: Selbstfahrer
Koordinaten Parkplatz: 63.529271, -19.513321
Koordinaten Location: 63.531294, -19.512109

Ein schon von der Ringstraße aus sichtbarer Wasserfall ist der Skógafoss, der über eine Breite von 25 Metern über 60 Meter in die Tiefe stürzt. Direkt zwischen Mýrdalsjökull und Eyjafjallajökull gelegen, beginnt neben dem Wasserfall ein bekannter Wanderweg, der über den Pass Fimmvörðuháls zwischen den beiden Gletschern hindurch in die Þórsmörk, ein geschütztes und von Gletschern umgebenes Tal, führt. Von Vík aus kommend, folgen Sie einfach der Ringstraße in Richtung Westen, bis Sie auf Ihrer rechten Seite den Wegweiser zum Skógafoss sehen. Biegen Sie hier nach rechts ab und folgen Sie der Straße bis zur nächsten Kreuzung, an der Sie links abbiegen. Folgen Sie dieser Straße, die in einer Kurve auf einen Campingplatz führt. Überqueren Sie diesen, um auf den Parkplatz am Skógafoss zu gelangen.

Die bekanntesten Bilder sind kurz hinter dem Parkplatz, am Fuß des mächtigen Wasserfalls aufgenommen. Da dieser Wasserfall in den letzten Jahren von immer mehr Touristen und Bussen angefahren wird, ist es mittlerweile nahezu unmöglich, aus dieser Perspektive Bilder aufzunehmen, in denen es nicht von Mitreisenden nur so wimmelt. Meine Empfehlung an Sie ist, die Treppe am rechten Rand des Wasserfalls zu nehmen und diese bis etwa zur Hälfte hinauf-

Die klassische Perspektive – hier ist die große Kunst, keine Mitreisenden im Bild zu haben (f/9 · 1/320 s · ISO 320 · 28 mm · Filter: Soft GND8)

zusteigen. Hier finden Sie einen kleinen Pfad, der bei meinem letzten Besuch noch problemlos bis kurz vor die steil abfallende Klippe, die den Wasserfall einrahmt, führte. Auch wenn Sie auf dem Weg nach oben nicht alleine sein werden, lassen sich von hier die fallenden Wassermassen ohne Menschen, eingerahmt von Felsen, schön in Szene setzen. Wenn Sie genau hinsehen, dann können Sie auch in der linken Felswand den bekannten Troll vom Skógafoss erkennen.

Auf halbem Weg hinauf zur Fallkante des Skógarfoss. Der Steintroll bewacht den Wasserfall (f/16 · 1/5 s · ISO 100 · 19 mm · Filter: Soft GND8)

2 DER KVERNUFOSS

Entfernung: ca. 30 Minuten von Vík í Mýrdal, ca. 5 Minuten vom Skógafoss
Beste Tageszeit: jederzeit, vor allem bei bewölktem Himmel
Beste Jahreszeit: Sommer, Herbst, Winter
Ausstattung: Regenjacke, festes Schuhwerk, Spikes im Winter, Handtuch für die Kamera
Art: Selbstfahrer
Koordinaten Parkplatz: 63.525226, -19.489321
Koordinaten Location: 63.528397, -19.481022

Parkplatz

Location

Gerade einmal fünf Minuten vom Skógafoss entfernt, direkt hinter dem Skógar Museum, liegt der nächste Wasserfall auf unserer Route, der Kvernufoss. Ähnlich seinem wesentlich bekannteren großen Bruder, dem Seljalandsfoss, bietet der versteckt gelegene Kvernufoss die Möglichkeit, hinter den Wasserfall zu laufen. Auch wenn die Fallhöhe nicht der des großen Bruders entspricht, so bleibt man auf dieser Tour von den Touristenmassen, die mit großen Bussen am Seljalandsfoss regelrecht abgeladen werden, verschont. Nur wenige Reisende kennen diesen Wasserfall und machen sich auf die etwa zehnminütige Wanderung dorthin. Der Kvernufoss ist idyllisch in einem kleinen Tal gelegen und schon der Weg dorthin ist eine wahre Freude, weg vom Touristenrummel und hinein in die fantastische Natur Islands. Um ihn zu erreichen, fahren Sie am besten vom Skógafoss kommend zurück auf die Straße, auf die Sie von der Ringstraße abgebogen sind. Biegen Sie aber nicht in Richtung Ringstraße nach rechts ab, sondern dieses Mal nach links. Folgen Sie der Straße für ein kurzes Stück und biegen Sie an der nächsten Kreuzung wieder nach rechts ab auf den Parkplatz des Skógar Museums, einem Heimatmuseum, das

Hinter dem Wasserfall an einem halbwegs trockenen Standpunkt. Die Öffnung der Höhle wirkt wie ein gewaltiger Kopf (f/20 · 1/100 s · ISO 31 · 14 mm)

die unterschiedlichsten Gebäude zur Schau stellt. Fahren Sie einfach über den Parkplatz und an einer danach folgenden Lagerhalle vorbei, bis Sie auf der Rückseite der Halle eine kleine Parkmöglichkeit sehen. Sollte diese Weiterfahrt nicht möglich sein, so parken Sie einfach vor dem Museum. Wenn Sie die Lagerhalle im Rücken in Richtung der freien Felder blicken, dann können Sie auf Ihrer linken Seite einen kleinen Weg in Richtung der Berge, die die Gletscher einschließen, sehen. Folgen Sie diesem, bis Sie nach kurzer Zeit an einen Tritt gelangen, der über den Zaun führt. Übersteigen Sie ihn und folgen Sie dem kleinen Trampelpfad, bis Sie das Ufer des Flusses erreichen, der aus dem Wasser des Kvernufoss gespeist wird. Folgen Sie dem Pfad entlang des linken Flussufers. Etwa auf halber Strecke gibt es eine etwas steilere Partie, die Sie über eine felsige Kletterstelle führt, welche aber bei Trittfestigkeit leicht zu überwinden ist. Schon auf dem Weg werden Sie immer wieder Möglichkeiten sehen, um den Wasserfall zu fotografieren.

Ein nasses Erlebnis: direkt am herunterstürzenden Wasser finden sich zahllose Motive (f/20 · 1/20 s · ISO 31 · 24 mm)

Die meiner Meinung nach am besten geeignetste und auch die ungewöhnlichste finden Sie direkt hinter dem Wasserfall. Folgen Sie einfach dem Weg, bis Sie hinter dem herabfallenden Wasser angekommen sind. Je nach Wind kann es durch das verwehte Wasser dabei etwas nass werden, so dass eine Regenjacke hier gute Dienste leistet. Hinter dem Wasserfall angekommen, ist es nicht schwer, eine geeignete Stelle, die nicht vom Sprühwasser erreicht wird, zu finden. Besonders bei bewölktem Himmel hebt sich das Wasser wunderbar gegen den Himmel ab und bietet eine Vielzahl an unvergesslichen Motiven.

TIPP

Wenn Sie es nicht eilig haben, dann besuchen Sie doch auf dem Rückweg das Skógar Museum. Das Museum, das es sich zur Aufgabe gemacht hat, das kulturelle Erbe Islands zu erhalten, bietet eine große Auswahl an Artefakten, die in sechs Museumshäusern ausgestellt werden.

Parkplatz

Location

3 DER SELJALANDSFOSS

Entfernung: ca. 1 Stunde von Vík aus, ca. 30 Minuten vom Skógafoss/Kvernufoss
Beste Tageszeit: Sonnenuntergang, bei bewölktem Himmel
Beste Jahreszeit: Sommer, Herbst, Winter
Ausstattung: Regenjacke, Spikes im Winter, ein Handtuch für die Kamera
Art: Selbstfahrer
Koordinaten Parkplatz: 63.615958, -19.992567
Koordinaten Location: 63.615473, -19.989555

Einer der großen Touristenmagnete im Süden Islands ist der Seljalandsfoss. Der 66 Meter hohe Wasserfall liegt wie der Skógafoss und der Kvernufoss unterhalb des Eyjafjallajökull. Sein Wasser fließt über eine weite Ebene in den großen Fluss Markarfljót. Wie beim Kvernufoss ist es auch hier möglich, über einen kleinen Weg hinter den Wasserfall zu laufen. Mit dem großen Unterschied, dass Sie hier diesen Ausblick leider selten alleine genießen können und es um einiges nasser ist als beim Kvernufoss. Vor allem im Sommer kommt es nicht selten vor, dass am Tag mehr als 15 Reisebusse auf dem Parkplatz stehen und eine lange Schlange an Touristen sich auf den Weg hinter den Wasserfall macht. Wenn Sie diesen durchaus sehenswürdigen Wasserfall ein wenig ruhiger erleben möchten, dann kann ich Ihnen nur empfehlen, hier möglichst spät am Abend oder in der Nacht zu fotografieren. Gerade zum Sonnenuntergang lohnt es sich im Sommer, gegen Mitternacht einen Versuch zu wagen. Ich persönlich muss zugeben, dass ich seinen kleinen Bruder, den Kvernufoss, immer dem Seljalandsfoss vorziehen werde.

Im Sommer 2017 wurde hier erstmalig eine Parkgebühr eingeführt. Die (seinerzeit) 700 Kronen können Sie an kleinen, basaltförmigen Automaten per Kreditkarte bezahlen. Nötig ist

Der mächtige Seljalandsfoss im Winter mit extrem langer Belichtungszeit – nur mit Spikes unter den Schuhen möglich (f/11 · 137 s · ISO 31 · 14 mm · Filter: Soft GND16, ND1000)

Die Höhle hinter dem Wasserfall als Panorama, bestehend aus vier Aufnahmen (f/16 · 1/3 s · ISO 100 · 16 mm)

die Gebühr laut dem Eigentümer des Landes geworden, da dringende Verbesserungen an der Infrastruktur und hier vor allem der Toilettensituation vorgenommen werden müssen.

Wenn Sie um die Parkgebühr herumkommen möchten, dann fahren Sie einfach direkt weiter zu unserem nächsten Ziel, dem Gljúfurárfoss, und parken Sie dort. Über einen etwa zehnminütigen Fußweg können Sie auch von dort ganz einfach zum Seljalandsfos gelangen. Wie lange hier das Parken noch kostenlos bleibt, ist leider nicht abzusehen.

DER GLJÚFURÁRFOSS

Entfernung: ca. 1 Stunde von Vík aus, ca. 1 Minute vom Seljalandsfoss aus
Beste Tageszeit: jederzeit
Beste Jahreszeit: Sommer, Herbst, Winter
Ausstattung: Regenjacke, evtl. Gummistiefel, Spikes im Winter, ein Handtuch für die Kamera
Art: Selbstfahrer
Koordinaten Parkplatz: 63.620813, -19.989280
Koordinaten Location: 63.620918, -19.986644

Parkplatz

Location

Noch nicht einmal eine Minute mit dem Auto entfernt liegt einer der spannendsten, aber auch der nassesten Wasserfälle Islands. Der Gljúfurárfoss befindet sich versteckt in einer Höhle, die nur durch den Flusslauf, in dem das Wasser abfließt, erreicht werden kann. Bereits auf dem Weg durch den Canyon in die Höhle ist man durch den Sog, der dort entsteht, schon nach kurzer Zeit vollkommen durchnässt vom Sprühregen des Wasserfalls. Eine gute Regenjacke wirkt hier wahre Wunder. Um nicht auch noch von unten durch das Flusswasser nass zu werden, können Sie am rechten Flussufer, dicht an der Canyon-Wand auf einer Reihe großer Steine entlangbalancieren und sich dabei an der Felswand abstützen. Da einige der Steine leicht unter der Wasseroberfläche liegen, sollten Sie aber gute Wanderschuhe oder Gummistiefel tragen. Ich selbst habe knöchelhohe, imprägnierte Wanderstiefel, mit denen ich hier nie Probleme hatte.

Um den am nahesten gelegenen Parkplatz zu finden, biegen Sie einfach an der Abzweigung zum Seljalandsfoss von der Ringstraße ab und fahren aber direkt am Parkplatz vor dem Wasserfall vorbei. Folgen Sie der Straße

Versteckt am Ende eines Canyons
bietet sich ein wunderschöner Anblick
(f/16 · 1/3 s · ISO 125 · 15 mm)

ein kurzes Stück, bis Sie auf Ihrer rechten Seite einen Campingplatz sehen. Biegen Sie auf diesen Campingplatz ab und fahren Sie die Straße einen kleinen Hang hinauf. Direkt dahinter finden Sie einen kleinen Parkplatz, auf dem Sie Ihr Auto abstellen können. Sollte dieser Weg gesperrt sein, können Sie auch direkt neben der Straße auf der freien Fläche parken. Wenn Sie von dort in Richtung Gletscher blicken, dann können Sie den kleinen Flusslauf des Gljúfurárfoss sehen, und auch der Wasserfall spitzt leicht hinter den Felsen hervor, die die Höhle bilden, in die er hinunterstürzt. Wenn Sie am Flussufer entlanggehen, dann führt Sie der Weg direkt an den Eingang des kleinen Canyons, den Sie wie beschrieben leicht durchwaten können.

Im Inneren der Höhle angekommen, empfehle ich Ihnen, sich rechts zu halten und sich

Der Blick in Richtung Ausgang – ein nicht zu verachtendes Motiv (f/8 · 2,5 s · ISO 100 · 14 mm)

dort direkt unter die überhängenden Felsen zu stellen. Dies ist mit Abstand der trockenste Punkt der ganzen Höhle. So oft ich schon an dieser Stelle stand, so sehr fasziniert mich das dort gebotene Schauspiel noch immer. Der kleine Wasserfall stürzt an einer moosbewachsenen

Felswand breit gefächert herunter und schlägt hinter einem großen Felsbrocken auf den Boden. Die schönsten Aufnahmen habe ich hier immer so gestaltet, dass dieser Felsbrocken und der überhängende Felsen, der vollkommen moosbewachsen ist, mit einbezogen sind. Eine beliebte weitere Aufnahme lässt sich gestalten, wenn Sie selbst oder Ihre Reisebegleitung auf den großen Felsen vor dem Wasserfall klettern und sich dort fotografieren lassen. Auch wenn man danach wirklich vollkommen durchnässt ist, das Bild und die Nähe zum Wasserfall sind dies auf jeden Fall wert.

Wenn Sie sich auf den Rückweg durch den Fluss machen bietet sich euch hier ein interessantes Motiv: Das Licht strahlt hell durch den Eingang des Canyons und breitet sich im Nebel des Wassers aus. Ein nasser, aber malerischer Anblick

TIPP

Bitte achten Sie unbedingt auf Ihre Kamera. Durch die feinen Wassertropfen in der Luft ist diese schnell klitschnass. Ich nehme hier immer ein kleines Handtuch mit, das ich über die Kamera hänge und nur für die Aufnahmen lüfte. Ein weiteres Tuch, um die Linse des Objektivs nach jedem Bild zu reinigen, ist ebenfalls unerlässlich.

Ein Tipp, der mir hier schon oft geholfen hat, ist für ein erstes Bild mit Autofokus zu fokussieren. Wenn Sie danach den Autofokus ausschalten, dann können Sie nach dem Putzen der Linse wesentlich schneller ein neues Bild aufnehmen, als wenn die Kamera immer wieder erneut fokussieren müsste. Bei dem vielen Wasser in der Luft zählt jeder Augenblick, um ein Bild ohne Wassertropfen auf der Linse zu bekommen. Nehmen Sie unbedingt mehrere Bilder auf, oft sieht man erst am PC, dass doch ein Wassertropfen auf der Linse das Bild zunichtemacht.

DER ERWEITERTE GOLDEN CIRCLE

TOUR 10

Als *Golden Circle* bezeichnen die Isländer drei der bekanntesten Sehenswürdigkeiten im Südwesten der Insel. Geysir, Gullfoss, ein großer zweistufiger Wasserfall, und Þingvellir, die alte Thingstätte der Isländer, sind eine beliebte Tour, die von unzähligen Unternehmen angeboten wird. Da es aber noch weitere sehr schöne Naturwunder gibt, habe ich unsere Touren in der Gegend um Selfoss einfach darum erweitert. Gerade der Brúarfoss – ein versteckt gelegener Wasserfall, der sich einzigartig in eine blaue Fließrinne ergießt – ist ein echtes Highlight

WISSENSWERTES

Fahrzeit: von Vík í Mýrdal aus ca. 1,5 Stunden bis Selfoss

Unterkunftsmöglichkeiten: In Selfoss finden Sie viele Hotels und einen großen Campingplatz. Auch Einkaufsmöglichkeiten und Tankstellen sind reichlich vorhanden. Reykjavík bietet sich auch für Übernachtungen an, jedoch führt dies zu einer Stunde mehr Fahrzeit als angegeben und auch die Übernachtungskosten steigen dadurch.

Parkplatz

Location

1 DER GEYSIR/STROKKUR

Entfernung: ca. 50 Minuten von Selfoss aus
Beste Tageszeit: Sonnenaufgang, Sonnenuntergang, nachts
Beste Jahreszeit: Sommer, Herbst, Winter
Ausstattung: keine Besonderheiten
Art: Selbstfahrer
Koordinaten Parkplatz: 64.309415, -20.300758
Koordinaten Location: 64.312430, -20.300381

Bei einem Geysir handelt es sich um eine Heißwasserquelle, die in regelmäßigen oder unregelmäßigen Abständen immer wieder Dampf- und Wasserfontänen hoch in den Himmel hinausschleudert. Der bekannteste Geysir der Welt und gleichzeitig Namensgeber für alle anderen Springquellen auf dieser Erde befindet sich in Island und liegt dort im Haukadalur, einem geothermisch äußerst aktiven Hochtemperaturgebiet in der Nähe des Laugarvatn. Nach vielen Jahren der Inaktivität und zahlreichen Versuchen der Isländer, mittels Schmierseife einen Ausbruch zu erzwingen, schlummert der »Große Geysir« (Stóri Geysir) heute vor sich hin und bricht nur in unregelmäßigen Abständen und sehr selten aus.

Sein kleiner Bruder mit Namen Strokkur (»Butterfässchen«) dagegen ist der Grund, warum täglich unzählige Touristen die Gegend des Haukadalur besuchen. Beinahe alle zehn Minuten erhebt sich die Wasserfontäne des Strokkur bis zu 25 Meter in die Luft. Obwohl ich schon so oft an dieser Stelle gestanden bin und die Eruptionen des Strokkurs beobachtet habe, fasziniert mich noch heute der Anblick dieser Naturgewalt. In der Vergangenheit gab es immer wieder Diskussionen um eine Ein-

Der Strokkur im goldenen Winterlicht ▶
(f/10 · 1/60 s · ISO 31 · 14 mm · Filter: Soft GND16)

trittsgebühr für die Gegend um den Geysir, bis dato ist aber weder eine Parkgebühr noch Eintritt zu entrichten.

Um dort hin zu kommen, fahren Sie von Selfoss aus ein kurzes Stück auf der Ringstraße Nummer 1 in Richtung Westen aus der Stadt hinaus. Biegen Sie, kurz nachdem Sie die Tankstellen am Ortsausgang hinter sich gelassen haben, nach rechts in die 35 ab und folgen Sie ihr, bis Sie den großen Parkplatz am Visitor Center des Geysirs erreichen. Hier finden Sie neben einem riesigen, sehr schön gestalteten Souvenirladen auch ein nettes Café, welches allerdings nicht gerade billig ist.

Kurz vor dem Ausbruch färbt sich die Wasserblase des Strokkur türkis-blau (f/10 · 1/640 s · ISO 200 · 105 mm)

Gehen Sie vom Parkplatz aus über die Straße, gelangen Sie direkt in das Hochtemperaturgebiet, in dem auch der Geysir und Strokkur liegen. Überall um Sie herum blubbert und brodelt es. Nicht ohne Grund sind in den letzten Jahren immer mehr Zäune und Absperrungen entstanden, die man aus Gründen des Eigenschutzes nicht übertreten sollte. Zahlreiche Warnschilder weisen auf die hohen Temperaturen hin, die hier schon dicht unter der Erdoberfläche herrschen.

Ich empfehle Ihnen zu allererst einmal, den Strokkur zu beobachten, ohne ihn direkt zu fotografieren. Machen Sie sich vertraut mit den Ausbruchphasen. Wenn Sie genau darauf achten, dann können Sie feststellen, dass das Wasser im Schlund des Strokkur einige Zeit vor dem Ausbruch anfängt sich zu bewegen und sich in pulsierenden Bewegungen immer wieder zu heben. Kurz vor dem eigentlichen Ausbruch steigt das Wasser immer weiter an und es bildet sich eine Art Blase über dem Schlund, die im Sonnenlicht bläulich leuchtet.

Diese Blase geht in der Regel direkt in den Ausbruch über, bei dem sich eine gigantische Fontäne aus Wasser und Dampf in den Himmel hebt. Achten Sie auch darauf, in welcher Richtung der Wind steht, da Wasser und Dampf in diese Richtung verweht werden und für eine ordentliche Dusche von Mensch und Ausrüstung sorgen können. Suchen Sie sich die beste

Stelle auf Grund dieser Informationen aus und versuchen Sie einen Winkel zu bekommen, bei dem Sie keines der umgebenden Gebäude mit im Bild haben.

Ich selbst bin eigentlich kein Freund von Menschen auf meinen Landschaftsbildern, beim Strokkur kann es aber sehr beeindruckend sein, ein paar Besucher beim Bestaunen des Ausbruchs mit auf das Bild zu nehmen. Um dies oder sogar eine besucherfreie Aufnahme zu erreichen, möchte ich Ihnen nochmal den Besuch zu später Stunde ans Herz legen. Ohne Menschenmassen ist das Erlebnis des Ausbruchs noch einmal wesentlich beeindruckender.

Der beste Zeitpunkt für stimmungsvolle Aufnahmen ist ein schöner Wintermorgen, an dem Sie gegen die Sonne – den Strokkur im Vordergrund – fotografieren und so das goldene Morgenlicht die malerische Landschaft beleuchtet.

TIPP

Nach etwa einer Viertelstunde Fahrt auf der 35 von Selfoss aus sehen Sie einen Parkplatz mit dem Wegweiser zum Kerið. Wenn es Ihre Zeit erlaubt, dann können Sie hier einen kleinen Stopp einlegen und einen wunderbar gleichförmigen Krater mit Namen Kerið besichtigen. Der etwa 50 Meter tiefe Krater ist allerdings nicht kostenlos zu bestaunen, sondern nur nachdem man am Eingang den Eintrittspreis von momentan 400 Kronen bezahlt hat.

TIPP

Sollten Sie gerne campen, so gibt es direkt neben dem Gelände, auf dem sich der Strokkur befindet, einen schönen und erstaunlich ruhigen Campingplatz. Ich habe hier die letzten Male im Sommer übernachtet und es immer genossen, nachts noch einmal eine Runde über das Gelände zu drehen.

2 DER GULLFOSS

Entfernung: ca. 1 Stunde von Selfoss aus, ca. 10 Minuten vom Geysir aus
Beste Tageszeit: Sonnenaufgang, Sonnenuntergang, nachts
Beste Jahreszeit: Sommer, Herbst, Winter
Ausstattung: Regenjacke, ein Handtuch für die Kamera
Art: Selbstfahrer
Koordinaten Parkplatz: 64.324981, -20.125385
Koordinaten Location: 64.326448, -20.123331

Parkplatz

Location

Gerade einmal zehn Minuten Fahrt vom Geysir – bzw. Strokkur – entfernt, finden Sie einen der bekanntesten Wasserfälle Islands, den Gullfoss. Der »Goldene Wasserfall«, wie der Name Gullfoss übersetzt lautet, wird durch den Fluss Hvítá gebildet, der über zwei Stufen, die im 90-Grad-Winkel verdreht liegen, in die Tiefe stürzt. Die erste Stufe hat dabei eine Höhe von ca. 11 Metern, die zweite von ca. 21 Metern. Nach diesen Stufen fließt das Wasser durch eine bis zu 70 Meter tiefe Schlucht, die einzig durch die Kraft des Wassers entstanden ist. Der Gullfoss ist ein wirklich mächtiger Wasserfall, bei dem man direkt bis an die Fallkante der ersten Stufe laufen kann. Seien Sie daher bitte sehr vorsichtig und wagen Sie sich nicht zu nah an diese Kante. Erst im Jahr 2017 ist hier ein Besucher aus nicht geklärten Umständen in den Wasserfall gestürzt und gestorben. Sein Körper wurde erst einen Monat später gefunden.

Vom Geysir/Strokkur aus folgen Sie einfach der 35 für etwa zehn Minuten, um den Wasserfall zu besichtigen. Am Gullfoss gibt es zwei Parkplätze, einen sehr großen direkt an einem neu gebauten Besucherzentrum mit Einkaufsmöglichkeiten und einem Café oberhalb des Wasserfalls. Ein älterer, kleinerer

Der Sonnenaufgang an einem eiskalten Wintermorgen taucht die Landschaft in sanftes Licht (f/8 · 1/5 s · ISO 100 · 19 mm · Filter: Soft GND16)

Blick über die tiefe Schlucht, die Wassermassen des Gullfoss im Vordergrund (f/16 · 1 s · ISO 200 · 24 mm · Filter: Soft GND8)

Parkplatz befindet sich auf Höhe des Wasserfalls. Um diesen besser gelegenen Parkplatz zu erreichen, folgen Sie, sobald Sie den blauen Wegweiser zum Gullfoss sehen, nicht der 35 in Richtung des Wegweisers, sondern biegen Sie an der kurz auf das Schild folgenden Abzweigung nach rechts in Richtung Flusslauf ab. Nach wenigen Metern Fahrt erreichen Sie den ruhigeren Parkplatz, von dem es nur eine kurze Wegstrecke zum Wasserfall ist.

Sie werden auf dem Weg zur Fallkante zahlreiche Möglichkeiten zum Fotografieren finden. Die klassischen Bilder vom Gullfoss lassen sich am besten am Ende des Parkplatzes, direkt vom Geländer des Weges aus aufnehmen. Ein weiterer Fotospot liegt kurz vor der kleinen natürlichen Plattform an der Fallkante. Kurz bevor Sie die felsige Kante hinaufklettern können, bietet sich ein schöner Blick in die Schlucht, in die das Wasser über die zweite Fallkante stürzt, sowie in den nachfolgenden Canyon. Der aufsteigende Wasserdunst des Gullfoss sorgt dabei für eine tolle Stimmung und verbirgt die hölzerne Plattform über dem Wasserfall ein wenig.

Ähnlich wie beim Geysir kann ich Ihnen auch hier einen Besuch vor allem zur späten Abendstunde empfehlen, damit Sie den meisten Reisenden aus dem Weg gehen können.

TIPP

Je nach Wind kann der Wassernebel des mächtigen Wasserfalls dafür sorgen, dass Sie und Ihre Ausrüstung durchnässt werden. Achten Sie auf Ihre Kamera, versuchen Sie ein Gefühl dafür zu bekommen, wie der wechselnde Wind sich verhält, und nutzen Sie die windstillen Phasen für Ihre Aufnahmen aus.

Parkplatz

Location

3 DER BRÚARFOSS

Entfernung: ca. 25 Minuten vom Gullfoss, ca. 15 Minuten vom Geysir aus
Beste Tageszeit: Sonnenuntergang
Beste Jahreszeit: Sommer, Herbst, Winter
Ausstattung: Gummistiefel oder Wathosen
Art: Selbstfahrer
Koordinaten Parkplatz: 64.240050, -20.523950
Koordinaten Location: 64.264290, -20.515302

Unser nächstes Ziel auf dem klassischen Golden Circle wäre eigentlich die alte Thingstätte Þingvellir. Auf dem Weg dorthin verbirgt sich aber ein kleiner Geheimtipp. Direkt neben der von Touristen stark befahrenen Strecke nach Þingvellir liegt versteckt hinter einer großen Sommerhaussiedlung einer der schönsten Wasserfälle Islands, der Brúarfoss. Nicht die Größe macht diesen besonderen Wasserfall aus, sondern sein Aufbau und die tiefblaue Farbe des Wassers in der tiefen Fließrinne. Die Brúará weist an der Stelle des Wasserfalls eine Art Kerbe im Flussbett auf, in die das Wasser über eine Vielzahl von kleinen Rinnsalen hinein- und herumfließt. Eben diese Kerbe setzt sich als tiefer Spalt im Boden auch nach dem Wasserfall fort. Das Wasser in dieser Fließrinne hat eine sehr starke Strömung und ist von vielen kleineren Luftblasen durchsetzt. Ob dies der Grund für die ungewöhnliche blaue Färbung ist, habe ich bis heute nicht ergründen können.

Vom Geysir bzw. Gullfoss kommend, folgen wir der 35 in Richtung Selfoss, bis wir die Abzweigung zur 37 (Laugarvatnsvegur) erreichen und dieser folgen. Nach einiger Zeit können Sie auf der rechten Seite ein großes, mit kleinen Bäumen bewachsenes Gebiet erkennen.

Die blaue Fließrinne des Brúarfoss, aus dem Flussbett fotografiert (f/9 · 1/40 s · ISO 200 · 24 mm · Filter: Soft GND16)

Hier befindet sich eine Sommerhaussiedlung, an der Sie vorbei fahren. Etwa eine Minute später erreichen Sie eine gut sichtbare Brücke, die die Brúará, den Fluss, der den Brúarfoss bildet, überspannt. Direkt vor dieser Brücke finden Sie einen gut markierten, größeren Parkplatz zu Ihrer Rechten. Hier können Sie Ihr Auto abstellen und sich auf den gut 3 km langen Fußweg entlang des Flusses machen. Beachten Sie, dass gutes Schuhwerk angebracht ist, denn auch wenn inzwischen immer mehr Teile des beschilderten Weges geschottert wurden, kommt es noch vor, dass vor allem bei schlechtem Wetter der halbe Weg in Schlamm und Wasser versinkt. Bei meinem ersten Besuch hier musste ich mit meinen Wanderschuhen durch 20 cm hohes Wasser waten. Seit diesem kalten Erlebnis habe ich den Brúarfoss nur noch in Gummistiefeln besucht, die auch beim Fotografieren noch sehr nützlich sein werden. Lassen Sie sich nicht von dem durch Gestrüpp führenden Weg abhalten.

Wenn Sie den Wasserfall erreichen, sehen Sie als Erstes eine massive Holzbrücke, die direkt neben dem Wasserfall über den Fluss führt. Wenn Sie zu etwa zwei Drittel über die Brücke gehen, dann werden Sie mit dem perfekten Blick auf den gesamten Wasserfall belohnt. Dies ist auch unser erster Fotospot, um die bekannten Aufnahmen des ganzen Wasserfalls zu bekommen. Um den besten Bildwinkel zu bekommen, hänge ich hier mein Stativ immer mit zwei Beinen über das Brückengeländer und stelle es auf einem kleinen Vorsprung auf der Außenseite der Brücke ab. Somit ist es möglich, die gesamte Fließrinne mit aufzunehmen, ohne dass das Brückengeländer mit in das Bild ragt.

Eine weitere schöne Möglichkeit zum Fotografieren bietet sich vom rechten Flussufer (wenn Sie von der Brücke zum Wasserfall blicken). Gehen Sie dazu wieder über die Brücke zurück zum Ausgangspunkt. Direkt neben der Brücke können Sie einen kleinen, steilen Pfad erkennen, der Sie an das Flussbett

Der Blick von der Holzbrücke über den Fluss zeigt die gesamte Schönheit des kleinen Wasserfalls (f/10 · 1/5 s · ISO 125 · 16 mm · Filter: Soft GND16)

des Brúarfoss führt. Seien Sie bitte vorsichtig, da der Pfad meist sehr rutschig ist. Gehen Sie am Ufer ein kleines Stück in Richtung Wasserfall, bis Sie der Fallkante ein wenig nähergekommen sind. Um zum nächsten Fotospot zu gelangen, müssen Sie nun in das flache Wasser der Brúará hineinwaten und sich der Fließrinne nähern.

Seien Sie bitte unbedingt vorsichtig, die im Wasser liegenden Steine sind sehr rutschig. Ein Sturz an dieser Stelle kann lebensge-

Ausschnitte, mit größerer Brennweite fotografiert, zeigen die schönen Details der vielen kleinen Wasserfälle (f/14 · 1/4 s · ISO 100 · 70 mm)

fährlich sein, da das Wasser in der Mitte des Flusses reißend und von scharfem Lavagestein umgeben ist. Wagen Sie sich bitte nicht zu nah an die Spalte im Boden heran.

Um an meinen Fotopunkt zu gelangen, reichen ein paar Meter in Richtung der Flussmitte aus. Sie werden mit einem beeindruckenden Blick und tollen Bildern dieses einzigartigen Wasserfalls belohnt werden.

4 ÞINGVELLIR

Entfernung: ca. 45 Minuten direkt von Selfoss aus, ca. 45 Minuten vom Brúarfoss aus
Beste Tageszeit: Sonnenuntergang, nachts
Beste Jahreszeit: Sommer, Herbst, Winter
Ausstattung: keine Besonderheiten
Art: Selbstfahrer
Koordinaten Parkplatz: 64.264741, -21.114709
Koordinaten Location: 64.255908, -21.123565

Parkplatz

Location

Unser nächstes Ziel in diesem Kapitel ist ein Ort von großer historischer Bedeutung. Im Südwesten von Island, nördlich des Sees Þingvallavatn gelegen, befindet sich die alte Thingstätte der Isländer.

Schon zum Zeitpunkt der Besiedlung fand hier die gesetzgebende Thingversammlung mit Namen *Althingi* einmal im Jahr statt. Es wurden Gesetze verabschiedet und auch Gerichtsurteile gefällt. Beim Althingi handelt es sich um eines der ältesten Parlamente der Welt, das erst 1798 von den Dänen abgeschafft wurde. Am 17. Juni 1944 wurde die Republik Island genau an dieser Stelle verkündet und auch die Feierlichkeiten zum 50. Jahrestag der Republik fanden an diesem Ort statt.

Das Buch Íslendingabók berichtet, dass Grímur Geitskór (»Grímur der Ziegenhirte«) von den ersten Siedlern angewiesen wurde, einen geeigneten Treffpunkt für die Versammlung zu finden. Nach langer Suche wählte er das heutige Þingvellir aus, da es von allen Siedlungen leicht zugänglich war und genug Wasser, Weiden und Essen in Form von Fischen aus dem Fluss Öxará, der durch Þingvellir führt, vorhanden war.

Nicht nur die historische, sondern auch die geologische Bedeutung Þingvellirs trägt zur Besonderheit dieses Ortes bei. Þingvellir liegt

Þingvellir in einer Vollmondnacht im Winter
(f/5 · 57 s · ISO 200 · 16 mm)

Parkplatz

Location

5 DER ÖXARÁRFOSS

Entfernung: ca. 45 Minuten direkt von Selfoss aus, ca. 45 Minuten vom Brúarfoss aus
Beste Tageszeit: Sonnenuntergang, nachts
Beste Jahreszeit: Sommer, Herbst, Winter
Ausstattung: keine Besonderheiten
Art: Selbstfahrer
Koordinaten Parkplatz: 64.264741, -21.114709
Koordinaten Location: 64.265681, -21.117013

Herbststimmung am Öxaráfoss (f/10 · 0,8 s · ISO 100 · 27 mm · Filter: Soft GND16)

Vom gleichen Parkplatz, von dem wir uns auf den Weg in die Ebene von Þingvellir gemacht haben, beginnt auch der Weg zu einem schönen Wasserfall, dem Öxaráfoss. Der vermutlich künstlich angelegte Wasserfall liegt etwas oberhalb der alten Thingstätte und ist von unserem

Eine eiskalte Winternacht am beinahe zugefrorenen Öxaráfoss (f/6,3 · 30 s · ISO 1600 · 16 mm)

Parkplatz aus in wenigen Minuten zu Fuß zu erreichen. Durch die Umleitung der Öxará nach Þingvellir wurde dafür gesorgt, dass genügend Wasser für die dort stattfindenden Treffen zur Verfügung stand.

Ein gut ausgebauter Weg, vom Parkplatz aus nach rechts abgehend (in entgegengesetzter Richtung von unserer vorherigen Tour), führt Sie über eine kurze Treppe hinein in die Schlucht, in der der Öxaráfoss liegt. Folgen Sie dem Weg nach links, so hören Sie schon von weitem das Rauschen des Wasserfalls. Dort angekommen bietet eine hölzerne Plattform direkt vor dem Wasserfall die besten Möglichkeiten, den über die Wand des Canyons hinabstürzenden Wasserfall aufzunehmen. Im Winter kann es vorkommen, dass aus dem breiten Fall ein schmales Rinnsal wird.

DIE VERSTECKTEN WASSERFÄLLE

TOUR 11

WISSENSWERTES

Fahrzeit: Da alle beschriebenen Ziele am leichtesten von Selfoss aus angefahren werden können, entsteht keine weitere Anreisezeit von einer vorherigen Unterkunft.

Unterkunftsmöglichkeiten: In Selfoss finden Sie viele Hotels und einen großen Campingplatz. Auch Einkaufsmöglichkeiten und Tankstellen sind reichlich vorhanden. Reykjavík bietet sich auch für Übernachtungen an, jedoch führt dies zu einer Stunde mehr Fahrzeit als angegeben und auch die Übernachtungskosten steigen dadurch.

Bitte beachten Sie: Alle Ziele dieses Kapitels liegen fernab der geteerten Straßen. Auch wenn man die Ziele mit einem regulären PKW erreichen könnte, so rate ich Ihnen dringend davon ab. Die Schotterpisten sind teilweise extrem ausgefahren und Sie gehen ein hohes Risiko ein, den Unterboden Ihres Fahrzeugs zu beschädigen.

Parkplatz

Location

❶ GJÁIN

Entfernung: ca. 1 Stunde von Selfoss aus
Beste Tageszeit: jede, je bewölkter, desto besser
Beste Jahreszeit: Sommer, Herbst
Ausstattung: keine Besonderheiten
Auto: 4 × 4
Art: Selbstfahrer
Koordinaten Parkplatz: 64.148851, –19.737034
Koordinaten Location: 64.149397, –19.737946

Gjáin, übersetzt »Schlucht«, ist ein tiefes Tal, das dank zahlreicher Wasserläufe und Wasserfälle wie eine grüne Oase in einer ansonsten kargen, wüstenartigen Landschaft liegt. Nicht nur für Fans der Serie Game Of Thrones, für die hier unter anderem gedreht wurde, lohnt sich die Fahrt.

Von Selfoss aus starten wir auf der Ringstraße Nummer 1 in Richtung Osten. Nach einigen Kilometern Fahrt erreichen Sie die Abzweigung der 30 (Skeiða- og Hrunamannavegur), der Sie in Richtung Norden bis zur Abzweigung der 32 (Þjórsárdalsvegur) folgen. Biegen Sie hier nach rechts ab. Nach guten 20 Minuten Fahrt erreichen Sie die Abzweigung zur 327 auf Ihrer Linken, die Sie direkt nach Gjáin führt. Vorbei an dem historischen Gehöft Stöng, führt die sehr ausgefahrene Straße durch eine Wüste aus Stein und Sand auf einen kleinen, markierten Parkplatz direkt am Rand der Schlucht. Ein mit Treppenstufen versehener Weg führt Sie vom Rand des Parkplatzes hinunter in die grüne Oase. Besonders im Sommer ist die reiche Vegetation in diesem Tal beeindruckend. Große Angelika-Pflanzen (Engelwurz) säumen die kleinen

Gján, das Tal der kleinen Wasserfälle mitten im Nirgendwo (f/16 · 1/20 s · ISO 125 · 18 mm · Filter: Soft GND16)

Bachläufe, die sich durch die Schlucht ziehen. Kleine Wege und Brücken machen Ihnen den Spaziergang durch den vorderen Teil des Tals einfach. Wenn Sie sich links halten, dann können Sie an der linken Seite eines hoch aufragenden Felsens entlang direkt bis an einen großen Fluss in der Mitte des Tals laufen. Von hier haben Sie schöne Fotomöglichkeiten mit den zahlreichen Wasserläufen im Vordergrund. Nehmen Sie sich am besten ein wenig Zeit und wandern Sie in dem wunderschönen Tal entlang, um die unterschiedlichsten Stellen zu erkunden. Sie werden an jeder Ecke die Möglichkeit für Fotos bekommen. Wenn Sie ein wenig abenteuerlustiger sind, dann können Sie auch am Ende des Tals den breiten Fluss, der in der Mitte fließt, von Stein zu Stein springend überqueren und den hinteren Teil des Tals erkunden.

Auch Detailfotos lassen sich in der Grünen Oase an jeder Ecke aufnehmen (f/18 · 1/4 s · ISO 50 · 35 mm)

TIPP

Ihr Weg nach Gjáin führt Sie direkt an der Ausgrabungsstätte des historischen Hofs Stöng vorbei. Das Langhaus, das wohl im Jahr 1104 bei einem Ausbruch des Vulkans Hekla verschüttet wurde, ist unbedingt einen Besuch wert. Die ausgegrabenen Grundmauern zeigen, wie beeindruckend dieses Gebäude einmal gewesen ist.

Sollten Sie auch noch die Rekonstruktion dieses Gehöfts besichtigen wollen, so können Sie dies kurz bevor Sie in die 327 nach Gjáin abbiegen. Anstatt links in die 327 einzubiegen, nehmen Sie einfach die nächste Abzweigung zu Ihrer Rechten. Biegen Sie gleich die nächste Abfahrt nach links ab und Sie erreichen den Hof Þjóðveldisbærinn, die Rekonstruktion von Stöng.

❷ DER HÁIFOSS

Entfernung: ca. 90 Minuten von Selfoss, ca. 30 Minuten von Gjáin aus
Beste Tageszeit: Sonnenuntergang
Beste Jahreszeit: Sommer, Herbst
Ausstattung: keine Besonderheiten
Auto: 4×4
Art: Selbstfahrer
Koordinaten Parkplatz: 64.206859, −19.678317
Koordinaten Location: 64.206753, −19.682075

Parkplatz

Location

122 Meter stürzt der Háifoss, Islands drittgrößter Wasserfall, in die Tiefe. Seine beeindruckende Höhe, der tief eingeschnittene Canyon, in den er hineinstürzt, und seine abgelegene Lage machen ihn zu einem äußerst beeindruckenden Ziel unserer nächsten Tour. Um ihn zu erreichen, fahren Sie einfach von Gjáin aus die 327 weiter in Richtung Nordosten (vom Parkplatz bei Gjáin links abbiegen). Sie erreichen über die schlechte Straße die 332. Halten Sie sich hier links und folgen Sie der 332 in Richtung Norden. Die Piste führt Sie an einem kleinen Café vorbei und wird im weiteren Verlauf der Strecke immer schlechter. Achten Sie auch bei einem 4×4 darauf, die größten Steine und Schlaglöcher nicht direkt anzufahren, um eine Reifenpanne auf der abgelegenen Strecke zu vermeiden. Am Wasserfall angekommen finden Sie einen kleinen Parkplatz, der in Sachen Steinbrocken und Schlaglöchern der Fahrstrecke in nichts nachsteht.

Vom Parkplatz führt ein breiter Weg zu einer Aussichtsstelle, von der Sie einen guten Blick auf den Háifoss und seinen kleineren Nachbarn, den Granni (»Nachbar«), haben.

Sonnenuntergang mit Blick in die gewaltige Schlucht, in die der Háifoss stürzt (f/14 · 2 s · ISO 125 · 14 mm · Filter: Soft GND16)

Alle paar Meter bietet sich ein neuer Vordergrund, mit dem man die fantastische Schlucht in Szene setzen kann (f/11 · 1/3 s · ISO 100 · 14mm · Filter: Soft GND16)

Der beste Fotospot findet sich aber abseits dieser Aussichtsplattform. Folgen Sie dem Weg nur für ein kurzes Stück, bis Sie die Möglichkeit haben, querfeldein nach rechts in Richtung Schlucht zu laufen. Der steinige Spaziergang bringt Sie direkt an den Rand des Canyons, von dem Sie den perfekten Blick auf den Háifoss und den weiteren Verlauf des Canyons nach links haben. Gehen Sie einfach am Canyonrand entlang, bis Sie eine breite, moosbewachsene Stelle finden, die sich perfekt als Vordergrund eignet.

Das Panorama zeigt die ganze Dimension des Canyons und der beiden Wasserfälle (f/14 · 1/6 s · ISO 125 · 14mm · Filter: Soft GND16)

Parkplatz

Location

❸ DER ÞJÓFAFOSS

Entfernung: ca. 50 Minuten von Selfoss, ca. 45 Minuten vom Háifoss aus
Beste Tageszeit: Sonnenuntergang
Beste Jahreszeit: Sommer, Herbst, Winter
Ausstattung: keine Besonderheiten
Auto: 4×4
Art: Selbstfahrer
Koordinaten Parkplatz: 64.056006, −19.867327
Koordinaten Location: 64.056725, −19.868485

Scharfe Lavagebilde führen ▶ den Blick perfekt in das Bild in Richtung Þjófafoss (f/11 · 0,8 s · ISO 64 · 14mm · Filter: Soft GND8)

Der Þjófafoss, übersetzt »Diebeswasserfall«, liegt direkt am Fuße des Búrfell, einem markanten Berg, der auch den perfekten Hintergrund für Aufnahmen von diesem Wasserfall bildet. Der im Halbkreis um den Berg fließende Fluss Þjórsá stürzt über eine breite Fallkante hinunter in ein halbrundes Becken und bildet dabei den Þjófafoss.

Vom Háifoss aus fahren Sie einfach die 332 wieder zurück, dieses Mal bis Sie die 32 erreichen. Biegen Sie nach links ab und folgen Sie ihr, bis Sie an die Kreuzung F26/26 kommen. Biegen Sie hier nach rechts ab. Nach etwa 20 Minuten Fahrt auf der 26, die teilweise noch nicht asphaltiert ist, kommen Sie an die Abzweigung, die Sie auf die 4 km lange Piste zum Þjófafoss führt. Biegen Sie hier nach rechts ab und folgen Sie dem Weg, bis Sie an eine kleine Parkbucht kommen, die Sie leicht an einem kleinen Zauntor, das scheinbar im Nirgendwo steht, erkennen.

Von Selfoss aus fahren Sie auf der Ringstraße in Richtung Osten, bis Sie die Abzweigung zur 26 erreichen. Biegen Sie hier nach links ab und folgen Sie der Straße für etwa eine halbe Stunde, bis Sie die schon beschriebene Ab-

Der Blick über den Wasserfall direkt auf den Schildvulkan Hekla mit seiner schneebedeckten Kappe (f/11 · 2,5 s · ISO 31 · 24mm · Filter: Soft GND8)

Das letzte Licht scheint auf den Berg Búrfell und lässt den Þjófafoss leuchten (f/14 · 3 s · ISO 50 · 14mm · Filter: Soft GND8)

zweigung zum Þjófafoss erreichen, in die Sie nach links abbiegen.

Vom Parkplatz aus laufen Sie einfach in Richtung des Flussbetts bzw. des Wasserfalls. Folgen Sie dem Flusslauf so weit, bis Sie einen guten Blick auf den Wasserfall und den dahinterliegenden Búrfell haben. Wenn Sie die scharfkantigen Lavaformationen, die das Flussbett einfassen, mit in Ihr Bild einbeziehen, gelingen Ihnen wunderbar stimmungsvolle Aufnahmen dieses schönen Wasserfalls.

Auch für Panoramaaufnahmen ist diese Stelle bestens geeignet. Wenn Sie Ihren Blick vom Wasserfall nach rechts abwenden, dann können Sie bei gutem Wetter im Hintergrund die schneebedeckte Kappe eines schön geformten Schildvulkans mit Namen Hekla sehen. Der 1491 Meter hohe Vulkan ist einer der aktivsten Islands und lässt sich durch ein Panorama perfekt mit in das Bild integrieren.

Nordlichter erstrahlen am Himmel während der Sonnenuntergang noch zu sehen ist – ein Panorama der besonders seltenen Art (f/2,8 · 10 s · ISO 1000 · 14mm)

REYKJAVÍK

TOUR 12

Reykjavík, die Hauptstadt Islands, ist das letzte Ziel unserer Reise um die Insel. Mit über 120.000 Einwohnern ist sie die größte Stadt Islands, über ein Drittel der gesamten Bevölkerung der Insel leben hier. Reykjavík, übersetzt »Rauchbucht«, wurde dem Landnámabók nach von Ingólfur Arnarson, dem ersten Siedler Islands, gegründet. Neben guten Restaurants, Einkaufsmöglichkeiten, Kaffees und Bars finden Sie hier Museen

WISSENSWERTES

Fahrzeit: ca. 45 Minuten von Selfoss aus
Unterkunftsmöglichkeiten: In Reykjavík gibt es jede Menge Unterkunftsmöglichkeiten. Ich kann Ihnen vor allem die zahlreich angebotenen Apartments empfehlen. Neben mehr Platz als in einem Hotelzimmer hat man dazu noch die Möglichkeit, selbst zu kochen.

und historisch bedeutsame Gebäude. Reykjavík ist der perfekte Ort, um Ihre Reise zu beschließen. Wenn Sie durch das junge und flippige Stadtzentrum flanieren, werden Sie jede Menge schöne Fotolocations finden, da in Reykjavík Kunst an jeder Ecke zu finden ist. Seien es spannend bemalte Häuser, Kunstinstallationen oder architektonische Besonderheiten wie die Hallgrímskirkja. Die erst 1986 vollständig fertiggestellte Kirche wurde zu weit über 50% aus Spenden finanziert. Teile der Außenseite erinnern an Basaltsäulen, während im Inneren skandinavische Schlichtheit dominiert. Wahrscheinlich könnte man ein eigenes Buch nur über Islands Hauptstadt schreiben. Ich habe Ihnen im weiteren Verlauf dieses Kapitels meine drei Lieblingslocations näher beschrieben, bin mir aber sicher, dass Sie noch viele weitere schöne Gelegenheiten finden werden.

Kunst findet man in Reykjavík an jeder Ecke
(f/7.1 · 1/320 s · ISO 200 · 55 mm)

TIPP

Neben schönen Fotolocations bietet Reykjavík eine Vielzahl an kulinarischen Highlights und ein reges Nachtleben.

Folgende Locations kann ich Ihnen nur wärmstens empfehlen:

Essen:

Messinn, das wohl beste Fischrestaurant, das ich kenne. Reservierung unbedingt erforderlich (*www.messinn.com*).

Íslenski barinn, wenn Sie einmal Lust auf einheimische Delikatessen oder sehr gute Burgervariationen haben (*www.islenskibarinn.is/net/en*)

Bæjarins Beztu Pylsur, das beliebteste »Restaurant« der Isländer. Ein Hotdogstand im Herzen der Hauptstadt, der sich ungebremster Beliebtheit erfreut und wirklich gute Hotdogs verkauft (*www.bbp.is/information-in-english*). Wenn Sie hier »Einar með öllu« (gesprochen: »Äinar mjeth öttlü«) bestellen, dann bekommen Sie einen Hotdog mit allen Zutaten.

Cafés:

Stofan Kaffihús, urgemütlich und richtig gute Kaffeespezialitäten. Auch Stromanschlüsse für Laptop oder Handy sind an einigen Tischen vorhanden. Hier trifft man vor allem Isländer (und manchmal auch mich) (*www.facebook.com/stofan.cafe*).

Bars:

In Island gibt es mittlerweile zahlreiche sogenannte »Microbreweries«, kleine Brauereien, die eine Vielzahl an unterschiedlichen Biersorten herstellen. Zwei meiner Lieblingsbars, in denen man eine Auswahl dieser besonderen Biersorten bekommt, sind:

MicroBar, nahe dem Stofan Kaffihús in einem gemütlichen Keller gelegen (*www.facebook.com/MicroBarIceland*)

Skúli, meine Lieblingsbar. Leise Hintergrundmusik, die nicht bei Unterhaltungen stört, und gutes Bier (*www.facebook.com/skulicraft*).

REYKJAVÍK
TOUR 12

1 HARPA

2 GRÓTTA

3 STRAUMUR

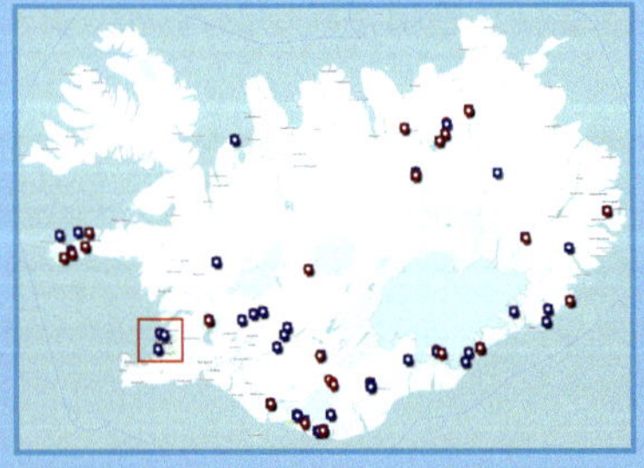

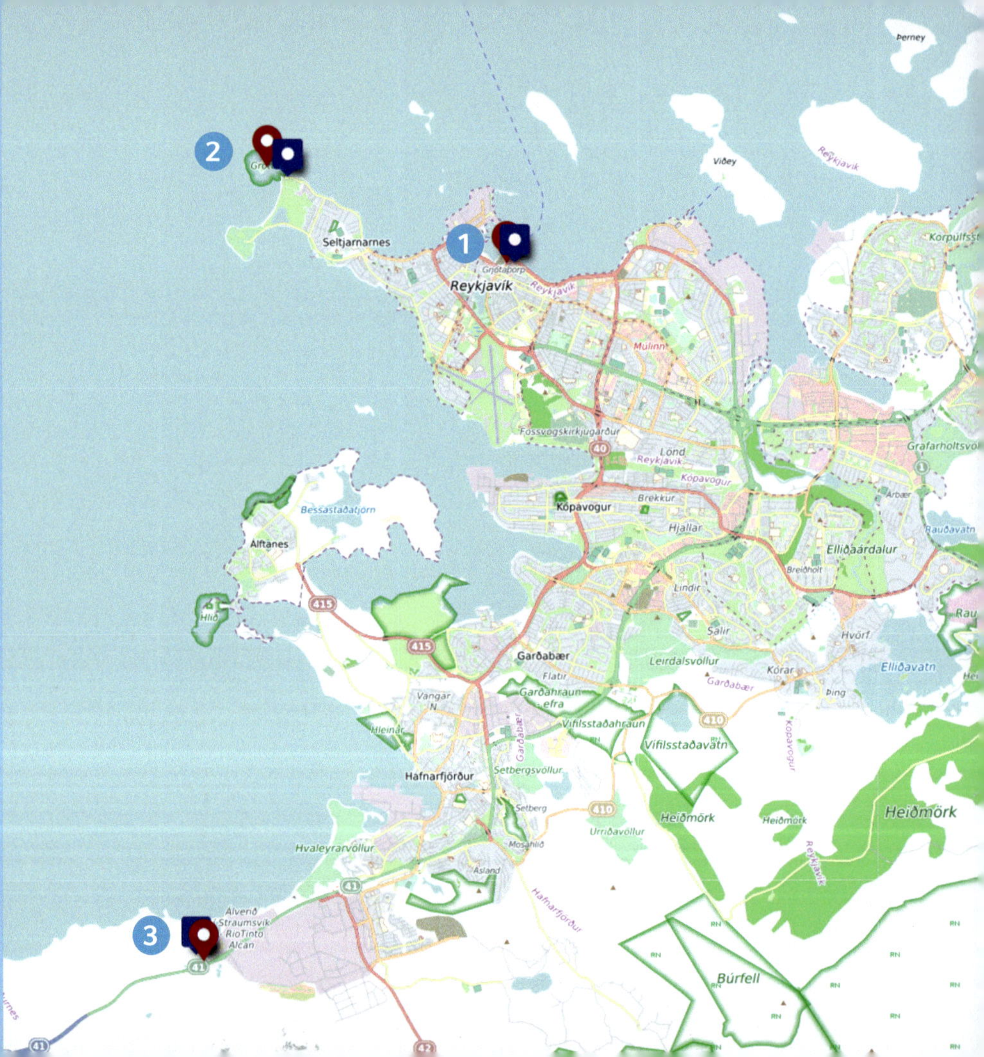

Das letzte Licht des Tages färbt den Himmel über Grótta (f/9 · 1/5 s · ISO 400 · 16 mm · Filter: Soft GND8)

Parkplatz

Location

1 DIE HARPA

Entfernung: im Zentrum der Stadt am Meer gelegen
Beste Tageszeit: Sonnenuntergang, nachts
Beste Jahreszeit: Sommer, Herbst, Winter
Ausstattung: keine Besonderheiten
Art: Selbstfahrer
Koordinaten Parkplatz: 64.149247, -21.929781
Koordinaten Location: 64.149416, -21.932887

Bei der Harpa handelt es sich um das isländische Konzert- und Konferenzzentrum, das im Jahr 2011 fertiggestellt wurde. Trotz der Finanzkrise im Jahr 2008, die das Bauvorhaben zum Erliegen brachte, entschieden sich die Isländer, dieses neue Wahrzeichen Reykjavíks fertigzustellen. Heute beherbergt die Harpa das isländische Symphonieorchester und die isländische Oper. Neben den Konzertsälen im Inneren, die sich durch die Verstellung der Wände akustisch verändern lassen, gibt es in der Harpa einen schönen, kleinen Blumen- und Souvenirladen, in dem man stilvoll Mitbringsel für zu Hause erwerben kann. Eine große Besonderheit stellt die Außenverkleidung des Gebäudes dar. Die in einer wabenartigen Struktur gefertigte Umhüllung wurde vom isländischen Künstler Ólafur Elíasson entworfen. Je nach Lichteinfall leuchten die Kristallscheiben in unterschiedlichen Farben. Nachts werden eben diese wabenförmigen Gebilde wechselhaft beleuchtet, so dass sich ein wahres Lichtspiel ergibt.

Gerade abends oder nachts, wenn diese Beleuchtung eingeschaltet ist, lohnt sich ein Besuch zum Fotografieren am meisten. Direkt vor der Harpa finden Sie ein großes Wasserbecken, das von Holzstegen überspannt ist. Diese

Die Harpa zur blauen Stunde, wunderbar beleuchtet (f/14 · 15 s · ISO 250 · 14 mm)

Bei Windstille – die perfekte Spiegelung des außergewöhnlichen Gebäudes (f/14 · 20 s · ISO 200 · 16 mm)

lassen sich sehr schön in den Vordergrund mit einbeziehen. Wenn Sie einen windstillen Abend erwischen, dann können Sie die Harpa auch mit einem tollen Spiegelbild im Wasserbecken aufnehmen. Gehen Sie dafür am besten an den linken Teil des Beckens, da Sie von hier den besten Blick und die schönste Spiegelung erhalten. Es lohnt sich, hier eine Weile zu verbringen, da die Lichtspiele in der Außenhülle immer wieder wechseln und Sie so vollkommen unterschiedliche Bilder erhalten werden.

Warmes Licht zum Sonnenuntergang färbt den Leuchtturm und Umgebung (f/9 · 1/10 s · ISO 250 · 19 mm · Filter: Soft GND16)

2 GRÓTTA

Entfernung: zehn Minuten mit dem Auto von der Harpa aus
Beste Tageszeit: Sonnenuntergang
Beste Jahreszeit: Sommer, Herbst, Winter
Ausstattung: keine Besonderheiten
Art: Selbstfahrer
Koordinaten Parkplatz: 64.162598, -22.013134
Koordinaten Location: 64.164433, -22.020745

Parkplatz

Location

Ein bei Isländern und Touristen gleichermaßen beliebter Platzt ist der Leuchtturm an der Spitze der Seltjarnarnes-Halbinsel, an der Reykjavík liegt. Vor allem zum Sonnenuntergang treffen sich hier viele Pärchen, um die untergehende Sonne zu genießen. Direkt am Parkplatz kann man sich dafür auf die Mauer zum Meer stellen und die Farben des Abends bestaunen. Am Ende des Parkplatzes gibt es einen schönen Leuchtturm, 1947 erbaut, auf einer Art kleinen Insel. Diese wurde bei einer großen Sturmflut vom eigentlichen Festland getrennt und ist seitdem nur noch über einen bei Ebbe begehbaren Damm mit Namen Gróttugrandi erreichbar. Auf Grund der vielen Vögel, die die Insel als Nistplatz nutzen, ist vom 1. Mai bis zum 1. Juli das Betreten der Insel verboten.

Wenn Sie die Insel bei Ebbe betreten, dann kann ich Ihnen einen kleinen Rundgang in Richtung des Leuchtturms empfehlen. Wenn Sie dann die großen Steine, die um die ganze Insel als Schutz vor den hereinbrechenden Wellen liegen, erklimmen und ein paar von ihnen in den Vordergrund Ihrer Bilder nehmen, dann können Sie vor allem zum Sonnenuntergang sehr schöne Aufnahmen erhalten. Vergessen Sie aber bitte nicht, auf die Gezeiten zu achten, da der Rückweg nur bei Ebbe möglich ist.

Parkplatz

Location

③ STRAUMUR

Entfernung: ca. 30 Minuten von der Harpa entfernt
Beste Tageszeit: Sonnenuntergang
Beste Jahreszeit: Sommer, Herbst
Ausstattung: keine Besonderheiten
Art: Selbstfahrer
Koordinaten Parkplatz: 64.041342, -22.047292
Koordinaten Location: 64.040643, -22.044489

Spiegelung zum Sonnenuntergang vor den Toren Reykjavíks (f/14 · 1/10 s · ISO 100 · 24 mm · Filter: Soft GND16) ▶

Ein kurzes Stück außerhalb von Reykjavík, hinter der großen Aluminiumfabrik von Hafnarfjördur, liegt direkt neben der 41 zum Flughafen Keflavík ein kleines, weißes Haus. Das unscheinbare, aber schöne Anwesen ist ein sehr beliebter Fotopunkt zum Sonnenuntergang, da es von kleinen Teichen und Wasserlöchern umgeben ist, in denen sich schöne Spiegelungen aufnehmen lassen. Straumur wird immer wieder von Künstlern für Ausstellungen oder Arbeiten benutzt, allerdings fand ich diese Location immer leer vor, wenn ich vor Ort war.

Am leichtesten finden Sie diesen schönen Ort, wenn Sie die Adresse des Flughafens in Ihrem Navigationssystem eingeben, da der erste Teil des Weges ein wenig verschlungen durch Reykjavík führt. Sowie Sie die große Aluminiumfabrik auf Ihrer rechten Seite sehen, fahren Sie daran vorbei und biegen in die erste Abzweigung nach der Einfahrt zur Fabrik nach rechts ab. Am besten parken Sie Ihr Auto hinter dem Haus, da es hier Parkplätze gibt und das Auto so auch nicht aus Versehen im Bild steht. Laufen Sie einfach ein wenig in dem Gebiet vor dem Häuschen in die Graslandschaft hinein und suchen Sie sich den schönsten, mit Meerwasser gefüllten Pool aus, um die gewünschte Spiegelung zu erhalten.

Fototechniken

FOTOGRAFIEREN MIT GRAUVERLAUFS- UND GRAUFILTERN

Ein Großteil meiner in diesem Buch gezeigten Bilder ist unter Einsatz verschiedener Filter entstanden. Damit meine ich keine farbverändernden Filter, sondern Grau- und Grauverlaufsfilter.

GRAUVERLAUFSFILTER

Wenn Sie schon öfter bei schwierigen Lichtbedingungen wie bei Sonnenauf- oder -untergang Landschaften fotografiert haben, kennen Sie das Problem: Entweder wird der Himmel zu hell und die Landschaft zu dunkel oder umgekehrt. Der Motivkontrast ist dann zu hoch, als dass Ihr Kamerasensor ihn mit einem Mal abbilden könnte. Sie könnten nun eine Belichtungsreihe anfertigen, bei der Sie den Himmel und die Landschaft jeweils passend belichten und diese Bilder am PC zusammenfügen. Aber wenn sich Elemente Ihres Motivs zwischen den Aufnahmen bewegen (wie z.B. Wolken oder Wasser), kann die Nachbearbeitung schwierig werden.

Da ich persönlich lieber eine einzige Aufnahme anfertige und diese nur wenig am PC nachbearbeiten möchte, habe ich mich schon früh für eine andere Methode entschieden – für die Fotografie mit Grauverlaufsfiltern (auch GND-Filter genannt, von »Gradual Neutral Density«).

Hierbei handelt es sich um Filter, die vom oberen zum unteren Rand unterschiedlich stark filtern. Beim klassischen Grauverlaufsfilter ist am oberen Rand die Filterwirkung am stärksten und nimmt bis etwa zur

Mitte des Filters immer weiter ab. Die restliche Filterfläche bis zum unteren Rand ist glasklar und damit ohne Wirkung.

Es gibt diese Filter in runder Form zum Aufschrauben oder aber in Form von rechteckigen Glas- und Plastikplatten. Diese »Einsteck-« oder »Rechteckfilter«. werden in einen speziellen Filterhalter vor Ihr Objektiv gesetzt und in diesem gedreht oder verschoben. Nur so können Sie den Grauverlauf an Ihr Motiv anpassen – etwa, wenn die Trennlinie zwischen Himmel und Landschaft nicht mittig oder gerade durch Ihr Motiv läuft. Ein aufgeschraubter, runder Grauverlaufsfilter erlaubt diese Anpassung nicht.

Das Filtersystem von Rollei mit drei hintereinander eingesteckten Filtern (Bildnachweis: Rollei)

GND 0.9/8-Filter mit hartem Verlauf

GND 1.2/16-Filter mit weichem Verlauf

GND 0.9/8-Filter mit umgekehrtem Verlauf

(Bildnachweis: Rollei)

Grauverlaufsfilter gibt es in den unterschiedlichsten Ausführungen:

- Harter Filterverlauf (»hard«)
- Weicher Filterverlauf (»soft«)
- Umgekehrter Filterverlauf (»reverse«)

Ein harter Filterverlauf bedeutet, dass die Abdunklung des Filters nicht sanft, sondern mit einem sichtbaren Absatz in der Mitte des Filters endet. Dadurch ist auch in der Mitte des Filters die Abdunklung noch recht stark. Solche Filter eignen sich nur, wenn das Motiv einen sichtbaren Horizont hat. Wenn Sie tagsüber eine weite Ebene, einen großen See oder das Meer mit einer klaren Linie als Horizont fotografieren und dabei eine Überbelichtung des Himmels vermeiden möchten, dann ist diese Art von Filter genau die richtige. Sowie aber Objekte wie Berge etc. über den Horizont ragen, würde der harte Filterverlauf einen dunklen Strich über das Objekt legen, der dann auf dem Bild sichtbar wäre.

Ein weicher Filterverlauf bedeutet, dass die Abdunklung sanft bis zur Mitte ausläuft und es kaum einen sichtbaren Übergang zum ungefärbten Teil des Filters gibt. Solche Filter eignen sich vor allem für Motive, bei denen kein wirklicher Horizont zu sehen ist. Durch den sanften Filterübergang werden die Bergspitzen zwar auch leicht abgedunkelt, dies geschieht aber ohne Absatz und ist daher so gut wie nicht zu sehen.

»Reverse-GND-Filter« weisen einen umgekehrten Filterverlauf auf. Die stärkste Abdunklung findet hier nicht am oberen Rand, sondern in der Filtermitte statt. Nach oben nimmt die Abdunklung langsam immer weiter ab. Ein solcher Filter ist speziell für Sonnenunter- oder Sonnenaufgänge über dem Meer oder einer weiten Ebene konzipiert, bei denen Sie direkt in die Sonne fotografieren. Wenn Sie zum Beispiel am Strand bei der Gletscherlagune Jökulsárlón den Sonnenaufgang fotografieren möchten, dann ist dies genau die richtige Filterart dafür. Er filtert dort am stärksten, wo die Sonne am hellsten ist, nämlich genau über dem Horizont.

Alle genannten Filtertypen gibt es in unterschiedlichen Stärken, die besagen, um wie viele Blendenstufen der Filter an der stärksten Stelle abdunkelt.

Übliche Bezeichnungen sind dabei:

- **ND 0.3** entspricht einer Blende Abdunkelung.
- **ND 0.6** entspricht zwei Blenden Abdunkelung.
- **ND 0.9** entspricht drei Blenden Abdunkelung.
- **ND 1.2** entspricht vier Blenden Abdunkelung.

Da mittlerweile das Angebot an Filtern auf dem Markt sehr groß und unübersichtlich geworden ist und die Preise der einzelnen Filter sehr hoch sind, sollten Sie sich gut überlegen, welche Filter Sie wirklich benötigen. Ich habe früher selbst den Fehler gemacht und immer eine Vielzahl an Filtern mit mir herumgeschleppt. Nach einiger Zeit kristallisierte sich jedoch heraus, dass ich mit einem Minimum an Filtern, die ich immer wieder nutze, sehr gut zurechtkomme.

Ich kann Ihnen daher aus Erfahrung folgende Filter sehr empfehlen:

- **Weicher Filterverlauf**
  GND 0.6/4 (zwei Blenden Abdunklung im dunkelsten Bereich)
  GND 1.2/16 (vier Blenden Abdunklung im dunkelsten Bereich)
- **Harter Filterverlauf**
  GND 0.9/8 (drei Blenden Abdunklung im dunkelsten Bereich)

- **Umgekehrter Filterverlauf**
  GND 0.9/8 (drei Blenden Abdunklung im dunkelsten Bereich)

Diese Filter gibt es von unterschiedlichen Herstellern. Nach langem Probieren bin ich bei Filtern der Firma Rollei gelandet. Neben der optisch hervorragenden Qualität (nahezu keine Verfärbung des Bilds durch den Filter) bietet Rollei – im Gegensatz zu vielen Mitbewerbern – Filter aus gehärtetem Glas an, die mit einer speziellen Beschichtung (Luminance Coating genannt) vergütet sind. Diese Kombination sorgt dafür, dass die Filter nur sehr wenig Licht reflektieren und sich sehr gut reinigen lassen. Regentropfen, die man im Einsatz einfach einmal abwischt, verschmieren einem nicht den ganzen Filter. Dazu verkratzt das Glas nicht, im Gegensatz zu den sonst üblichen Kunststofffiltern, die ich auf Grund der starken Kratzer teilweise jährlich wechseln musste. Rollei-Filter und Halterungen können Sie ganz einfach im Onlineshop unter *www.rollei.de/produkte/foto-zubehoer/foto-filter* beziehen.

Wenn Sie auf meine genaue Liste der Filter und meines Equipments neugierig sind, so können Sie diese auch gerne online unter *www.martin-schulz.photography/equipment* einsehen.

WIE FOTOGRAFIERT MAN NUN ABER MIT EINEM GRAUVERLAUFSFILTER?

Neben den eigentlichen Filtern benötigen Sie noch einen Filterhalter und einen Adapter, um den Halter an Ihr Objektiv anzukoppeln.

Sobald Sie den Halter montiert haben, können Sie die Verlaufsfilter einzeln oder auch zu mehreren hintereinander in den Filterhalter stecken (dabei addieren sich die Filterstärken).

Richten Sie Ihre Kamera auf Ihr Motiv aus und verschieben Sie den Filter so, dass er den Himmel in gewünschter Weise abdunkelt. Wenn Sie mit harten Verläufen oder umgekehrten Verläufen arbeiten, dann achten Sie darauf, dass die harte Kante des Verlaufs genau auf dem Horizont sitzt, so dass der dabei entstehende dunkle Streifen auf dem Horizont verschwindet. Bei besonders

Die linke Bildseite zeigt die Aufnahme ohne Verlaufsfilter, die rechte Hälfte mit einem ND 1.2 Filter mit weichem Verlauf

hellem Licht können Sie auch mehrere Filter kombinieren und zusammen im Filterhalter einsetzen und diese auch gegeneinander verschieben (wie auf Seite 263 zu sehen). Im Internet finden Sie eine ganze Menge an Tabellen, mit denen Sie genau berechnen können, welcher Verlaufsfilter für welche Situation der theoretisch Beste ist.

Grundsätzlich funktioniert die Berechnung des Motivkontrasts dabei so, dass Sie Ihre Kamera auf die Spot-Belichtungsmessung einstellen und sich einen der hellen Bereiche im Bild heraussuchen. Machen Sie eine Probeaufnahme, bei der Sie die korrekte Belichtung für diesen Bereich ermitteln. Merken Sie sich die dabei genutzte Belichtungszeit (z.B. 1/2000 s). Suchen Sie sich nun einen dunklen Bereich heraus, der in der endgültigen Aufnahme noch Zeichnung aufweisen soll. Fertigen Sie auch hier eine Probeaufnahme an und merken Sie sich die Belichtungszeit (z.B. 1/125 s).

Vielleicht wissen Sie, dass die vollen Schritte zwischen den Verschlusszeiten Ihrer Kamera jeweils eine Verdoppelung bzw. Halbierung der auf den Sensor fallenden Lichtmenge bedeuten: 1/250 s lässt nur halb so viel Licht auf den Sensor wie 1/125 s, 1/1000 s hingegen doppelt so viel wie 1/2000 s (das gilt analog auch für die vollen Blendenschritte). Der Unterschied zwischen zwei dieser Werte wird auch als *Lichtwert* bezeichnet. Auf Grund des oben ermittelten Motivkontrasts können Sie nun ausrechnen, welchen Helligkeitsunterschied Ihr Filter kompensieren muss: von den 1/2000 s für den Himmel bis zu den 1/125 s für den dunkelsten, noch Zeichnung enthaltenden Bereich sind es vier Lichtwerte (1/125 s × 2 → 1/250 s × 2 → 1/500 s × 2 → 1/1000 s × 2 → 1/2000 s). Ein ND 1.2 Filter mit vier Blenden Abdunkelung (siehe oben) wäre also der theoretisch richtige Filter in dieser Beispiel-Situation. Wenn Sie ihn entsprechend im Halter justiert haben, dunkelt er die hellste Stelle des Bilds um das Vierfache ab – Sie können also mit 1/125 s belichten, ohne dass die hellen Stellen überbelichtet werden.

Allerdings: Ich habe dies nur kurz am Anfang versucht und es schnell als unpraktisch verworfen. Gerade wenn die Sonne aufgeht, verändert sich das Licht ständig und ich würde vor lauter Berechnungen nicht mehr zum Fotografieren kommen.

Ich arbeite nach der einfachen Regel, dass der Filter umso dunkler gewählt werden sollte, je heller der Himmel im Vergleich zum Vordergrund ist. Da ich nur zwei weiche Verlaufsfilter habe, kombiniere ich diese beiden in solch einem Fall und schaffe es so, alle Bereiche für mich abzudecken.

GRAUFILTER

Ähnlich wie Grauverlaufsfilter funktionieren auch Graufilter. Der einzige Unterschied ist hier, dass es sich nicht um Verläufe, sondern um durchgefärbte Filter handelt, die das gesamte Bild gleichmäßig und farbneutral abdunkeln.

Warum aber ein Bild komplett abdunkeln, wenn es bei der Fotografie doch gerade um Licht geht?

Ein schönes Kapitel der Fotografie beschäftigt sich mit Langzeitbelichtungen. Nachts oft unumgänglich, können damit auch am Tag sehr schöne Bilder entstehen, die eine ganz eigene Dynamik mit sich bringen. Ein mit einer gängigen Belichtungszeit gemachtes Foto friert eine Szene ein. Ob Wasserfall, ziehende Wolken am Himmel oder Wellen, die an den Strand spülen: Man kann die einzelnen Wassertropfen sehen, scharf umrissene Wolken oder Gischt – die Zeit scheint stillzustehen.

Wenn Sie Ihrem Bild ein wenig mehr Dynamik verleihen wollen, müssen Sie die Belichtungszeit verlängern. Ein Wasserfall, der so aufgenommen wird, zeigt keine einzelnen Wassertropfen mehr, da die Bewegung des Wassers mit in die Aufnahme einfließt. Durch die Bewegung werden die Wassertropfen wie eine Art Strahl dargestellt. Man kann die Fließrichtung des Wassers erahnen, das Bild bekommt Bewegung. Genauso verhält es sich mit Wellen, die an den Strand rollen. Auch sie werden in ihrer Bewegung dargestellt. Das Ausrollen auf dem Sand wird als verwischte Linien, teilweise nebelartig auf den Sensor gebannt. Und auch Wolken, die vom Wind getrieben über den Himmel ziehen, werden nicht statisch, sondern in ihrer Bewegung abgebildet. Ich persönlich mag diese Art der Fotografie sehr gerne, verleiht sie doch dem statischen Medium Foto eine gefühlte Dynamik.

Um nun bei Tageslicht ein Foto ausreichend lange zu belichten, reicht es nicht immer aus, die Blende möglichst weit zu schließen und den ISO-Wert Ihrer Kamera möglichst klein zu halten. Um einen wirklichen Effekt zu erzielen, benötigen Sie eine künstliche Verdunkelungsmöglichkeit in Form eines Graufilters.

Graufilter gibt es wieder als Aufschraub- und Einsteckfilter. Auch hier empfehle ich Ihnen, sich für die Einsteckvariante zu entscheiden. Nur so ist der Filter ohne großen Aufwand wieder zu entfernen. Dazu gibt es bei den meisten sehr weitwinkligen Objektiven keine andere Möglichkeit: Oftmals ragt die Linse weit über den Rand des Objektivs hervor und eine fest integrierte Gegenlichtblende macht ein Aufschrauben unmöglich. Ein einmal gekaufter Rechteckfilter lässt sich bei einer Vielzahl von Objektiven verwenden, da der Filterhalter dieselbe Größe aufweist und nicht wie der Objektivdurchmesser variiert. Auch hier werden Sie eine große Auswahl an Filtern und Herstellern auf dem Markt finden, bei denen ich Ihnen auch Rollei wieder sehr empfehlen kann.

Ich verzichte bewusst auf den Einsatz leicht abdunkelnder Graufilter, da sich deren Effekt meist leicht über die Veränderung von Blende oder des ISO-Werts erreichen lässt.

Folgende Filterstärken kann ich Ihnen aus meiner Erfahrung sehr empfehlen:

ND 1000 Graufilter (Bildnachweis: Rollei)

- **ND 64 (1.8)**
  entspricht sechs Blenden Abdunkelung.
- **ND 1000 (3.0)**
  entspricht zehn Blenden Abdunkelung.

Die Anwendung dieser Filter ähnelt jener der Verlaufsfilter. Der montierte Filterhalter ist sowohl für Verlaufsfilter als auch für reine Graufilter – oder Kombinationen aus beiden – verwendbar.

Achten Sie nur darauf, dass Sie den Graufilter vom Objektiv aus gesehen als ersten Filter einsetzen. Es darf seitlich kein Licht zwischen Filter und Objektiv gelangen (weshalb diese Filter oft eine Art Dichtung haben, die zum Objektiv zeigen muss). Wenn Sie einen starken Graufilter einsetzen, werden Sie je nach Lichtverhältnissen Schwierigkeiten beim automatischen Fokussieren bekommen. Sollte dies auftreten, so entfernen Sie einfach den Filter, fokussieren, schalten danach den Autofokus aus und setzen den Filter wieder in den Halter ein.

Aufnahme mit einem ND 1.2 Grauverlaufsfilter, jedoch ohne Graufilter. Die Strukturen des Wassers und der Wolken sind wie eingefroren abgebildet

Aufnahme mit einem ND1.2 Grauverlaufsfilter und einem ND 64 Graufilter. Die Strukturen des Wassers und der Wolken sind durch die lange Belichtungszeit dynamisch verlaufen

Die verlängerte Belichtungszeit, die sich durch den jeweiligen Filter ergibt, lässt sich einfach berechnen, indem Sie die Belichtungszeit, die Sie ohne Filter nutzen würden, einfach mit dem Verlängerungsfaktor des Filters multiplizieren. Bei einem ND64-Filter ist der Verlängerungsfaktor 64, bei einem ND1000 ist der Faktor 1000. Wenn Sie also einen ND1000-Filter verwenden, Ihre Belichtungszeit ohne Filter 1/1000 Sekunde wäre, dann lautet die richtige Zeit mit Filter 1 Sekunde.

Um hier korrekt zu arbeiten, müssen Sie Ihre Kamera unbedingt in den manuellen Modus bringen (M). Nur hier haben Sie die Möglichkeit, ISO, Blende und Belichtungszeit selbst auf die gewünschten Werte einzustellen. Bei den meisten Kameras endet die einstellbare Belichtungszeit bei 30 Sekunden. Sollten Sie eine längere Belichtungszeit benötigen, so stellen Sie Ihre Kamera auf den sogenannten »B« oder Bulb-Modus. In diesem Modus können Sie ISO und Blende selbst einstellen. Die Belichtungszeit wird über das Gedrückthalten des Auslösers gesteuert. Solange der Auslöser gedrückt bleibt, so lange wird die Aufnahme belichtet. Bitte nutzen Sie hierfür unbedingt einen Kabelauslöser. Bei einigen Modellen wird Ihnen auf dem Auslöser angezeigt, wie lange Ihre Belichtung läuft. Alternativ können Sie auch die weiter unten empfohlene App nutzen.

Im Internet finden Sie dazu auch zahlreiche Tabellen, die Ihnen die Umrechnung erleichtern sollen. Ich persönlich bevorzuge dazu eine App auf meinem Mobiltelefon. Rollei selbst hat eine sehr gute App zur Berechnung der Belichtungszeit bei Verwendung von unterschiedlichen Filtern. Sie finden sie, wenn Sie im App- oder Playstore nach *Rolleimoments Fotografie-App* suchen. Die kostenlose App liefert Ihnen zusätzlich auch noch Angaben zu Uhrzeit und Himmelsrichtung von Sonnenauf- und Sonnenuntergang.

Bitte vergessen Sie nicht, dass Langzeitbelichtungen nur mit einem Stativ und nach Möglichkeit mit einem Kabelauslöser möglich sind. Die Kamera muss während der gesamten Aufnahmezeit ruhig gehalten werden, Erschütterungen würden zu einer Verwacklung der Aufnahme führen. Auch wenn solch eine Aufnahme in Planung und Durchführung aufwendiger als ein normales Bild ist, so ist das Ergebnis doch jeden Aufwand wert.

NORDLICHTFOTOGRAFIE

Wer Island im Frühling, Herbst oder Winter besucht, der hat die Chance, ein Ereignis der ganz besonderen Art zu erleben. Wenn die Nacht dunkel genug ist, das Wetter mitspielt und Sonnenaktivität vorhanden ist, dann können Sie Nordlichter am Himmel tanzen sehen.

Nordlichter (wissenschaftlich *Aurora Borealis* genannt) entstehen, wenn elektrisch geladene Teilchen – Elektronen und Protonen, die bei Eruptionen auf der Sonne erzeugt werden – auf die obersten Schichten der Erdatmosphäre treffen und dort Luftmoleküle anregen, so dass diese zu leuchten beginnen.

Auch wenn ich schon viele Nächte voller Nordlichter erleben durfte, so ist es nach wie vor ein wirklich besonderes Erlebnis für mich, wenn sich der erste grüne Schein am Himmel zeigt und die Lichter zu tanzen beginnen. Oft vergesse ich dabei fast das Fotografieren.

In diesem Kapitel möchte ich Ihnen das Phänomen Nordlicht ein wenig näherbringen, Ihnen erzählen, wie Sie sich am besten auf eine Nacht voll grünem Schein vorbereiten und mit welchem Equipment und mit welchen Kameraeinstellungen Sie die schönsten Bilder von diesem Naturwunder aufnehmen können.

Der Kirkjufell ▶
(f/2,8 · 30 s · ISO 1600 · 16 mm)

DIE AUSRÜSTUNG

Um gute Nordlichtbilder aufnehmen zu können, spielt Ihre Ausrüstung eine wichtige Rolle.

Die Kamera

Am besten geeignet sind digitale Spiegelreflex-Kameras, mit denen auch bei hohen ISO-Werten rauscharme Bilder aufgenommen werden können. Ich selbst fotografiere mit einer Nikon D810 und einer Canon 5D Mark III. Beide Kameras sind sehr gut für die Nordlichtfotografie geeignet. Aber auch kleinere Kameras der großen Hersteller eignen sich schon sehr gut dafür.

Das Objektiv

Als Objektiv kann ich Ihnen vor allem weitwinklige, lichtempfindliche Objektive empfehlen. Nordlichter können den ganzen Himmel füllen und Sie werden schnell merken, dass Sie um jeden Millimeter mehr an Weit-

◀ Die Schwarze Kirche von Búðir
(f/2,8 · 10 s · ISO 640 · 15 mm)

Die roten Strände von Búðir
(f/2,8 · 8 s · ISO 500 · 14 mm)

winkel dankbar sind. Je lichtempfindlicher Ihr Objektiv ist, desto geringer können Sie den ISO-Wert halten und desto rauschärmer werden Ihre Bilder. Mein bevorzugtes Objektiv an meiner Nikon-Kamera ist daher das 14–24 mm mit einer großen Blendenöffnung von 2,8.

Der stabile Stand: das Stativ

Da Sie bei der Nordlichtfotografie mit langen Belichtungszeiten arbeiten werden, benötigen Sie ein zuverlässiges und gutes Stativ mit einem gut zu bedienenden Kugelkopf, um die Kamera sicher zu platzieren und schnell auf das sich ständig verändernde Nordlicht auszurichten. Sollten Sie auf der Suche nach einem guten Stativ mit einem angemessenen Preis-Leistungs-Verhältnis sein, so kann ich Ihnen die Firma Sirui ans Herz legen. Ich nutze deren Stative nun schon seit einigen Jahren und bin sowohl mit der Qualität als auch dem angemessenen Preis sehr zufrieden (*www.sirui.de/de/home*).

Der Þjófafoss (f/2,8 · 10 s · ISO 1000 · 14 mm)

Þingvellir (f/2,8 · 20 s · ISO 500 · 24 mm)

Auslösen mit Kabel oder Verzögerung

Da die kleinste Verwacklung für unscharfe Aufnahmen sorgen kann, empfehle ich Ihnen, einen Kabel- oder Fernauslöser zu verwenden. Mit diesem können Sie die Aufnahme verwacklungsfrei starten. Alternativ können Sie auch die Timerfunktion Ihrer Kamera nutzen.

Energie und Speicher

Packen Sie ausreichend Speicherkarten und Ersatz-Akkus ein, die Sie am besten in der Hosentasche mit sich tragen, um sie auch in kalten Nächten gegen Entladung zu schützen.

Es werde Licht

Vergessen Sie nicht, eine kleine Taschenlampe oder noch besser eine Stirnlampe mit einzupacken. In der Dunkelheit ist es oft schwierig, sich in unwegsamem

Gelände zurechtzufinden. Und auch die Bedienung Ihrer Kamera kann ein wenig Licht benötigen. Sollten Sie eine Lampe mit Rotlicht haben, wäre dies noch besser, da Sie so auch andere Fotografen nicht bei ihren Aufnahmen stören.

Wärme von innen

Vergessen Sie auch nicht, sich mit heißen Getränken einzudecken. Oft lassen Nordlichter auf sich warten und Sie werden sich über jede heiße Unterbrechung der kalten Nacht freuen.

Das Material in der Übersicht:

- Kamera
- lichtstarkes Objektiv
- stabiles Stativ
- Kugelkopf
- Kabelauslöser
- ausreichend Ersatz-Akkus
- ausreichend Speicherkarten
- Stirnlampe
- heißer Tee oder Kaffee

Der Fjallsárlón (f/2,8 · 15 s · ISO 1250 · 14 mm)

Breiðamerkursandur (f/2,8 · 15 s · ISO 1600 · 14 mm)

DIE VORBEREITUNG

Um Nordlichter zu erleben, müssen bestimmte Voraussetzungen erfüllt sein.

Da in Island in den Sommermonaten keine echte Dunkelheit herrscht, ist das Wichtigste zunächst die richtige Wahl der Jahreszeit. Ab etwa Ende August bis etwa Ende März können Sie Nordlichter in Island sehen. Ich kann Ihnen aus eigener Erfahrung vor allem September und Februar als Reisemonate empfehlen. Ein weiterer Punkt bei Ihrer Reiseplanung kann auch die vorherrschende Mondphase sein. Ich persönlich suche mir immer Reisezeiträume aus, in denen auch einige Vollmondnächte vorkommen. Auch wenn Dunkelheit die Voraussetzung für Nordlichter ist, so gibt ein durch Mondlicht beleuchteter Vordergrund Ihrem Bild noch einmal etwas ganz Besonderes.

Weitere Voraussetzungen sind die Sonnenaktivität und ein wolkenfreier oder zumindest wolkenarmer Himmel mit genügend Lücken in der Wolkendecke.

◀ Der Jökulsárlón
(f/2,8 · 6 s · ISO 2500 · 16 mm)

Auf der Internetseite des isländischen Wetterdienstes (*www.en.vedur.is*) finden Sie die Vorhersage für beides. Unter *www.en.vedur.is/weather/forecasts/aurora* können Sie am rechten Rand der Webseite die aktuelle Nordlicht-Vorhersage sehen. Die Stärke kann dabei von 0 bis 9 variieren. Je höher die Zahl, desto stärker und desto größer ist die Wahrscheinlichkeit, Nordlichter zu sehen. Lassen Sie sich aber von einer 2 oder 3 nicht entmutigen, auch bei dieser geringen Vorhersage habe ich schon wunderschöne Bilder aufgenommen.

Der zweite, sehr wichtige Punkt auf dieser Seite ist die Wolkenvorhersage (»Total Cloud Cover«). Hier können Sie die aktuelle Wolkendecke und – durch Verschieben des Reglers unter der Grafik – die der kommenden Stunden sehen. Auch wenn es sich nur um eine Vorhersage handelt, kann man sich daran trotzdem sehr gut orientieren.

Kommen also Dunkelheit, eine gute Vorhersage und ein wolkenfreier Himmel zusammen, so sind die Voraussetzungen, Nordlichter zu sehen, sehr gut. Oft werde ich gefragt, wann neben diesen Faktoren die beste Tages- bzw. Nachtzeit für die Nordlichtbeobachtung sei. Wenn ich etwas in den vielen Jahren gelernt habe, dann, dass es keine bestimmte Zeit gibt, zu der die Chance auf grünes Licht besonders hoch ist. Oft habe ich schon am frühen Abend Glück gehabt, ich musste aber auch schon bis weit nach drei Uhr nachts warten oder unverrichteter Dinge abziehen. Ich kann Ihnen nur mit auf den Weg geben, geduldig zu sein. Suchen Sie sich einen guten Platz aus, machen Sie es sich in Ihrem Auto gemütlich bei Tee und Keksen und fotografieren Sie einfach von Zeit zu

Der Gullfoss (f/2,8 · 30 s · ISO 2000 · 20 mm)

Vestrahorn (f/2,8 · 30 s · ISO 2000 · 15 mm)

Zeit aus dem Fenster hinaus, um zu schauen, ob sich die Lichter schon am Himmel zeigen.

Wenn Sie in einem Hotel übernachten, dann fragen Sie auch an der Rezeption nach einem Weckruf bei Nordlichtaktivität. Viele Hotels bieten diesen Service mittlerweile an.

DIE WAHL DER LOCATION

Nordlichter können überall am Himmel erscheinen. Besonders bei schwachen Nordlichtern zeigen sich die begehrten Lichter allerdings immer im Norden. Meist beginnen sie als schwacher, grüner Bogen, der sich je nach Intensität Form, Größe und Farbe verändert.

◀ Hverie/Hveraröind (f/2,8 · 30 s · ISO 500 · 16mm)

Oftmals teilt sich dieser Bogen in mehrere Einzelteile, die über den Himmel wandern. Bei besonders starker Aktivität kann es auch vorkommen, dass eine sogenannte Corona entsteht. Dabei stürzen die Nordlichter von einem Punkt aus strahlenförmig in Richtung Erde.

Grundsätzlich ist es wichtig, dass Sie sich einen Ort weitab der Lichtverschmutzung von Städten oder einzelnen Häusern suchen. Je dunkler – mit Ausnahme des Mondlichts – es um Sie herum ist, desto besser.

Um ein wirklich gutes Nordlichtbild aufzunehmen, reicht es nur selten aus, sich ganz auf die Aurora zu kon-

◀ Der Strokkur (f/2,8 · 15 s · ISO 2000 · 14 mm)

zentrieren. Vergessen Sie auch bei diesen Aufnahmen nicht, einen geeigneten Vordergrund für Ihre Bilder mit einzubinden. Nichts ist schöner, als ein vom Tag bekanntes Motiv im grünen Licht der Aurora aufzunehmen und in Szene zu setzen. Am besten geeignet sind Locations, die in Richtung Norden aufgenommen werden und bei denen es auch die Möglichkeit gibt, sich auf das wechselnde und verändernde Nordlicht einzustellen und in wechselnde Richtungen zu fotografieren. Wenn Sie zum Beispiel an der bekannten Gletscherlagune Jökulsárlón fotografieren, dann ist dies in der Regel nach Norden. Trotzdem haben Sie auch die Möglichkeit, den Blickwinkel in andere Himmelsrichtungen zu verändern, und können so auf wechselhafte Nordlichter reagieren.

DIE KAMERAEINSTELLUNG

Neben der Ausrüstung, dem geeigneten Zeitpunkt und der richtigen Location gibt es noch einen weiteren, sehr wichtigen Punkt zu beachten. Die richtige Kameraeinstellung entscheidet zu guter Letzt über die Qualität Ihrer Aufnahme. Leider gibt es bei diesem sehr wichtigen Punkt kein wirkliches Patentrezept, mit dem man immer zu einem guten Ergebnis kommt.

Nordlichter erscheinen nie gleich. Mal sind sie schwach, mal stark, mal bewegen sie sich langsam und mal rasend schnell am Himmel. Je nach Stärke und Geschwindigkeit werden Sie immer wieder unterschiedliche Einstellungen benötigen. Jeder Fotograf wird seine ganz eigene Strategie entwickeln, durch die er mit diesen schwierigen Bedingungen zurechtkommt.

Für die nachfolgend genannten Grundvoraussetzungen sollten Sie vorab sorgen:

FOTOGRAFIEREN SIE IMMER IM RAW-FORMAT

Nur so haben Sie im Nachhinein die Möglichkeit, Weißabgleich, Belichtungskorrektur und viele Einstellungen mehr problemlos zu verändern und anzupassen. Alle Einstellungen in der Kamera vor Ort schon zu perfektionieren, ist oft durch das schnell wechselnde Nordlicht nicht zu schaffen bzw. gehen Ihnen dabei viele schöne Bilder verloren.

KENNEN SIE IHRE KAMERA UND STELLEN SIE DIE FOKUSSIERUNG AUF MANUELL UND UNENDLICH

Wenn Sie in der Dunkelheit fotografieren, dann ist es umso wichtiger, dass Sie Ihre Kamera möglichst intuitiv bedienen können. Wenn Sie für jede Einstellungsänderung erst einmal Ihre Stirnlampe einschalten müssen, dann kostet das wertvolle Zeit und wird Ihre Mitfotografen bald zur Verzweiflung treiben.

Ein weiteres Problem beim Fotografieren in Dunkelheit ergibt sich beim Thema Autofokus. Um automatisch scharf zu stellen, benötigt Ihre Kamera Licht. Da dies in der Nacht meist nicht in ausreichendem Maße zur Verfügung steht, müssen Sie manuell fokussieren. Schalten Sie dafür den Autofokus Ihrer Kamera am Objektiv aus. Wenn Sie nun im Dunklen versuchen müssten, auf das bevorzugte Objekt von Hand scharf zu stellen, dann ist das meist nur sehr schwer zu erreichen.

Ich mache es mir daher einfach und fokussiere bei Nordlichtaufnahmen immer auf Unendlich. Selten habe ich so nah im Vordergrund Objekte, dass ich dort mit Unschärfe zu kämpfen hätte. Sollte dies der Fall sein, so beleuchte ich die Objekte einfach mit meiner Stirnlampe, fokussiere darauf und schalte den Autofokus danach wieder aus.

Wenn Sie auf Unendlich fokussieren, dann beachten Sie bitte Folgendes: Auf nahezu jedem Objektiv ist im Scharfstellungsring ein Unendlichkeitszeichen zu finden. Allerdings ist nicht bei jedem Objektiv der genaue Unendlichkeitspunkt auch direkt dort gelegen. Um diesen zu finden, schalte ich tagsüber meinen Autofokus ein, fokussiere auf ein sehr weit entfernt gelegenes Objekt und lasse mir so den wirklichen Unendlichkeitspunkt meiner Kamera/Objektiv-Kombination anzeigen. Mit einem kleinen Aufkleber markiere ich mir diesen Punkt genau auf dem Objektiv. Nachts muss ich dann nur noch den Autofokus deaktivieren und den Fokus von Hand auf die Markierung einstellen.

MANUELLER MODUS IST PFLICHT

Kameraautomatiken können tagsüber durchaus praktisch sein. Um aber Nordlichter zu fotografieren, sollten Sie unbedingt in den manuellen Modus wechseln. Nur so können Sie die wirklich beste Einstellung für die aktuelle Situation herausfinden. Durch die Wechselhaftigkeit von Nordlichtern ist eine ständige Anpassung von ISO und Belichtungszeit erforderlich.

BLENDE, ISO UND BELICHTUNGSZEIT

Grundsätzlich gilt, je kürzer die Zeit und je kleiner die ISO, desto besser. Da dies vor allem der Tatsache, dass Sie in Dunkelheit fotografieren, widerspricht, ist ein möglichst guter Kompromiss das Ziel.

Gerade bei sich schnell bewegenden Nordlichtern ist eine möglichst kurze Belichtungszeit wichtig, damit die Struktur der Lichter schön erhalten bleibt. Als Faustregel können Sie sich merken, dass Ihre Belichtungszeit unter 30 Sekunden liegen sollte. Sollten Sie länger belichten, so werden Sterne nicht mehr als Punkte, sondern als Spuren zu sehen sein (die Erde dreht sich ja während Ihrer Aufnahmen weiter). Bitte beachten Sie, dass der genaue Wert, den Sie nicht überschreiten sollten, genau genommen von der tatsächlichen Brennweite, die Sie nutzen, abhängt. Mit dem Faustwert 30 Sekunden fahre ich selbst aber seit vielen Jahren sehr gut. Je geringer Sie die Zeit halten

DROHNENFOTOGRAFIE

EINLEITUNG

Lange Zeit war die Fotografie mit Drohnen nur Profifotografen vorbehalten. Zu groß und teuer waren die auf dem Markt verfügbaren Modelle für Hobbyfotografen. Dazu gab es nur wenige Assistenzsysteme, die einen beim Fliegen unterstützten. Sich auf das Fliegen und das Fotografieren gleichzeitig zu konzentrieren war eine echte Herausforderung und erforderte Übung.

Mit der Mavic Pro revolutionierte die Firma DJI 2016 den Markt für Drohnen. Erstmals gab es eine kleine, gut zu transportierende, Drohne, die in zusammengeklapptem Zustand nicht größer als eine 1-Liter-Wasserflasche ist. Unterstützt von vielen Assistenzsystemen und ausgerüstet mit einer annehmbaren Kamera wurde es so für immer mehr Hobbyfotografen möglich, sich zu einem hohen, aber bezahlbaren Preis eine transportable Drohne zu kaufen und damit zu fotografieren.

Dies trieb die Zahl der Drohnenpiloten steil in die Höhe, die an allen möglichen und leider auch unmöglichen Orten Ihre Drohnen für das lang ersehnte Bild steigen ließen und lassen. Oft wurde dabei keinerlei Rücksicht auf Sicherheitszonen wie etwa um Flughäfen oder andere Restriktionen auch bei Privatgeländen genommen.

Dies führte dazu, dass vor allem in den letzten Jahren die Regularien der Drohnenfotografie immer strenger gefasst wurden.

RECHTLICHE VORAUSSETZUNGEN

Regularien für Drohnenpiloten unterscheiden sich von Land zu Land. Was in Island erlaubt ist, kann in Deutschland dagegen durchaus illegal und verboten sein. Lange Jahre war Island äußerst kulant bei der Auslegung und Anwendung von gesetzlichen Regelungen. Auf Grund der immer größer werdenden Anzahl an Drohnenpiloten gibt es mittlerweile klare Regeln, die auf der Internetseite der »Icelandic Transport Authotity« nachgelesen werden können

(*https://www.icetra.is/aviation/drones/information-material-on-drone-operation/*). Unter dem Punkt *Posters of drones for leisure and comercial use* gibt es eine gute Übersicht über die Regeln für den privaten (*leisure*) und gewerblichen (*commercial*) Gebrauch von Drohnen.

Bitte informieren Sie sich unbedingt vor Ihrer Reise auf dieser Seite, da sich die Regeln jederzeit ändern können und ich so hier keine verlässliche Auskunft geben kann.

Wie auch in Deutschland, muss in Island eine Drohne vor dem Flug mit dem Namen und der Telefonnummer des Piloten versehen werden. Zudem sollten Sie nur mit einer versicherten Drohne fliegen, da Sie für eventuell auftretende Schäden haftbar gemacht werden. Auch ein entsprechender Abstand von allen Flughäfen sowie von Privatgelände sollte unbedingt eingehalten werden. Genauso sollte es selbstverständlich sein, eine Drohne nicht über einer Menschenansammlung zu fliegen.

Der See Langisjór im tiefsten Hochland zum Sonnenuntergang. Hier besteht keinerlei Gefahr, über Menschenansammlungen zu fliegen.

An immer mehr Orten untersagen zusätzlich Schilder das Fliegen von Drohnen. Dabei handelt es sich meist um touristisch stark frequentierte Orte, an denen man sich unbedingt an die Verbote halten sollte. Zur Mittagszeit über dem Geysir zu fliegen ist eine der denkbar schlechtesten und vor allem gefährlichsten Ideen. Nicht nur, dass hier das Fliegen verboten ist, auch das

Dómadalsvatn nach Sonnenaufgang. Noch immer hängen Nebelschwaden fest in den einzelnen Tälern und zeugen vom starken Regen in der Nacht.

Die Mavic 2 Pro in flugbereitem Zustand (Bildnachweis: DJI)

Risiko, dass es mit den hunderten von Menschen dort zu einem gefährlichen Unfall kommt, ist unkalkulierbar.

MATERIAL

Grundsätzlich gibt es mittlerweile eine Vielzahl an guten und bezahlbaren Drohnenmodellen. Wenn Sie die Drohne zum Fotografieren einsetzen möchten, spielt vor allem die Qualität der eingebauten Kamera eine wichtige Rolle. Auch wenn eine Drohnenkamera nie an die Qualität einer Spiegelreflexkamera herankommen kann (außer Sie investieren in ein entsprechend großes und teures Profimodell), gibt es vom Marktführer DJI mit der Mavic Pro 2 mittlerweile eine extrem portable Drohne mit einer guten Kamera. Zusammengeklappt nur 214 × 91 × 84 mm groß und mit einem Gewicht von 907 Gramm lässt sich diese Drohne auch gut im Reisegepäck verstauen und vor Ort im Rucksack zur Location tragen.

Die Mavic 2 Pro in zusammengeklapptem Zustand (Bildnachweis: DJI)

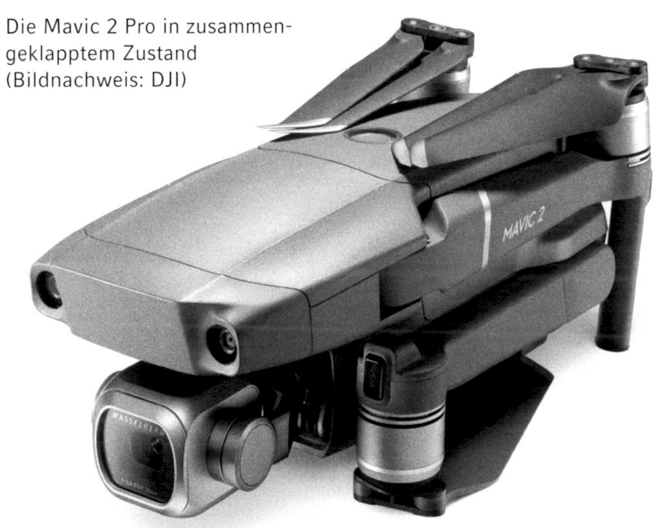

Der 1"-CMOS-Sensor der Kamera bietet mit seinen 20 Millionen echten Pixeln eine auch für Fotografen annehmbare Auflösung. Zudem kann bei diesem Modell sowohl die Blende, als auch die Belichtungszeit und die Sensorempfindlichkeit (ISO) manuell oder automatisch eingestellt werden. Vergangene Modelle verfügten oft nur über eine fest vorgegebene Blende. Lediglich die Brennweite ist mit 35 mm (äquivalent zum Kleinbild 28 mm) nicht variabel.

Überlegen Sie sich vor dem Kauf einer Drohne gut, worauf es Ihnen am meisten ankommt. Für mich persönlich war ein guter Kompromiss aus Größe der Drohne und Qualität der Kamera entscheidend. Eine größere Drohne könnte vielleicht bessere Bilder liefern, wäre aber für meine Touren vollkommen ungeeignet, da ich sie nicht transportieren könnte. Eine kleinere Drohne wie die Mavic Mini verfügt über eine schlechtere Kamera und weist weniger Reichweite und Stabilität im Wind auf.

Wichtig ist außerdem, dass Sie genügend Ersatzakkus dabei haben. Bei einer Flugzeit von maximal 30 Minuten (je nach Wind und Wetterkonditionen auch sehr viel kürzer) ist ohne diese das Flugvergnügen schnell vorbei. Neben einem konventionellen Ladegerät möchte ich Ihnen auch ein spezielles KFZ-Ladegerät ans Herz legen. So können Sie schon auf der Fahrt zur nächsten Location Ihre Akkus aufladen.

Ich persönlich verwende zusätzlich noch ein besonderes Landegestell, das den Bodenabstand der Drohne beim Starten und Landen erhöht. Allzu oft befindet sich am Start- und Landeplatz keine ebene Fläche und scharfkantige Steine stellen eine echte Gefahr für Drohne und Kamera dar.

Als Controllereinheit zur Fernsteuerung verwende ich persönlich das kleinste und portabelste Modell, das gekoppelt mit meinem Mobiltelefon (Smartphone) eine vollständige Steuerung ermöglicht.

Die Controllereinheit mit angebrachtem Smartphone – die probabelste Lösung (Bildnachweis: DJI)

Starker Wind machte diese Aufnahme in einem Geothermalgebiet im tiefsten Hochland zur Herausforderung.

Panorama bestehend aus vier Aufnahmen, die zusammengesetzt auch für großformatigere Drucke geeignet sind.

Bevor Sie sich daran machen, mit einer Drohne zu fotografieren, sollten Sie zuerst einmal einige Flugversuche unternehmen, um die Steuerung zu verstehen und zu üben, damit Sie sich im zweiten Schritt voll auf die Fotografie konzentrierten können. Nur wer die Steuerung ohne nachzudenken beherrscht, kann sich auf Themen wie Bildkomposition, Einstellungen der Kamera und Motivsuche aus der Luft konzentrieren.

AUFNAHMETECHNIKEN

Anders als eine gute Spiegelreflexkamera haben die meisten Drohnenkameras einen wesentlich kleineren Sensor mit geringerer Auflösung. Gerade bei wenig Licht zeigt sich dies schnell: Dunkle Bereiche haben kaum noch Zeichnung, wenn die helleren Bereiche richtig belichtet sind, und selbst in der RAW-Entwicklung lassen sich keine Strukturen mehr herausholen. Schon bei geringer ISO-Erhöhung nimmt das Bildrauschen deutlich zu. Dazu kommt, dass eine Drohne die Kamera nicht so ruhig halten kann wie z.B. ein Stativ. Trotz modernster Technik, die die Drohne am Himmel stabilisiert, sollten Sie zu lange Belichtungszeiten vermeiden.

Wie gehen Sie nun am besten mit diesen Einschränkungen um? Dazu bietet Ihnen eine moderne Drohne vielfältige Möglichkeiten: neben klassischen Einzelaufnahmen unter anderem automatische HDR-Aufnahmen, Belichtungsreihen oder Panoramen.

Um der geringeren Auflösung des Sensors entgegenzuwirken, bin ich dazu übergegangen, vermehrt Panoramen – bestehend aus 3 bis 5 Bildern – von einem Motiv aufzunehmen und diese dann zusammenzusetzen (zu *stitchen*). So erhalte ich Bilder, die sich auch für den großformatigeren Druck eignen.

Den geringen Dynamikumfang der Kamera gleiche ich mit automatischen Belichtungsreihen aus, die ich später zu HDR-Bildern zusammenfüge. Hierbei nimmt die Kamera hintereinander automatisch 3 oder 5 Bilder

mit unterschiedlichen Belichtungen auf. Unterbelichtete Bilder, bei denen die Tiefen nur schwarz erscheinen, sorgen dabei für die richtige Belichtung der hellen Bereiche, überbelichtete Bilder dagegen für Struktur in den Tiefen, und die dazwischenliegenden Bilder für die perfekte Belichtung der Mitten. Setzt man diese Bilder mit Photoshop (sogenanntes *Photomerge*) zusammen, so erhält man ein Bild mit einem wesentlich höheren Dynamikumfang – ohne ausgefressene Lichter und detaillose Tiefen.

Auch eine Kombination von Panorama und Belichtungsreihen lässt sich problemlos am Computer zusammensetzen und erzeugt so ein Bild mit perfektem Dynamikumfang und großer Auflösung.

Das zusammengesetzte und bearbeitete Ergebnis aus den Einzelbildern oben.

Langisjór im letzten Abendlicht – eine Herausforderung für eine Drohnenkamera.

Nachdem ich die Steuerung meiner Drohne verinnerlicht hatte, bin ich dazu übergegangen sämtliche Kameraeinstellungen manuell zu setzen und wie auch bei meiner Spiegelreflexkamera Blende, Zeit und ISO selbst zu wählen. Gerade weil höhere ISO-Werte schnell ein Rauschen im Bild verursachen überlasse ich diesen Punkt nur ungern einer Automatik. So erspare ich mir den Ärger, wenn ich erst zu Hause am Computer feststellen muss, dass die von der Kamera gewählte ISO viel zu hoch war, um ein qualitativ gutes Bild zu erhalten.

Grundsätzlich gilt für mich die Regel: ISO so niedrig wie nur möglich, Belichtungszeit so kurz wie möglich, um Verwackelungen durch den Flug der Drohe vorzubeugen. Lieber aber ein Verlängern der Belichtungszeit, als ein Erhöhen der ISO.

Zwei weitere Dinge möchte ich Ihnen unbedingt noch ans Herz legen.

1. Fotografieren Sie immer in RAW. Nur so haben Sie die Möglichkeit das Beste aus den Aufnahmen herauszuholen.
2. Bei aller Freude am Fotografieren vergessen Sie bitte nie die Zeit. Da Ihre Flugzeit limitiert ist und Ihre Drohne wieder sicher bei Ihnen landen soll, muss unbedingt noch genügend Akkukapazität für den Rückflug vorhanden sein. Zwar warnt Sie Ihre Drohne je nach Einstellung ab einem bestimmten Restwert Ihres Akkus, ausreizen sollten Sie diese Zeit allerdings lieber nicht. Bedenken Sie, dass plötzlich auftretender Wind und Regen Ihre Flugzeit stark verlängern können und so eine sichere Rückkehr Ihrer teuren Drohne bei zu geringem Akkustand fraglich würde.

LOCATIONSCOUTING

Die Motivsuche für Drohnenfotografie gestaltet sich vollkommen anders, als Sie es von der herkömmlichen Fotografie gewöhnt sind. Bei Aufnahmen vom Boden können Sie sich einen Überblick verschaffen und dabei schon in Gedanken Ihr Motiv formen. Sie suchen nach ins Bild führenden Linien, platzieren Objekte im Goldenen Schnitt und machen sich Gedanken, ob und wie eine lange Belichtungszeit Dynamik ins Bild bringen könnte.

Bei Fotografieren mit einer Drohne haben Sie vorab keine Möglichkeit, dies alles zu sehen. Erst wenn die Drohne an Höhe gewinnt, erhalten Sie einen Überblick über die Sie umgebende Landschaft. Erst jetzt können Sie erkennen, ob sich das gewählte Gebiet für Aufnahmen eignet und ob Sie sich die richtige Position zum Flug ausgewählt haben.

Mælifell, ein grüner Vulkankegel im Nirgendwo, vom Boden aus fotografiert. Diese Perspektive wirkt wenig spektakulär.

Mælifell aus der Vogelperspektive. Erst hier zeigt sich die ganze Schönheit.

Auch mit einiger Erfahrung passiert es mir noch immer, dass ich mich verschätze und meine Drohne zu nah oder zu weit entfernt von einem Objekt starte, das ich mir für ein Bild ausgesucht habe. Genauso bin ich immer wieder überrascht, wie eindrucksvoll eine gewählte Umgebung von oben aussehen kann, die vom Boden aus vollkommen unspektakulär schien.

Wenn Sie vermehrt mit einer Drohne fotografieren wollen, dann kann ich Ihnen nur folgendes raten:

Sehen Sie sich nach verzweigten Flussläufen um. Gibt es kleinere Wasserflächen oder Seen in Ihrer Nähe? Betrachten Sie markante Objekte in der Umgebung und überlegen Sie, ob sich der Blick von oben herab lohnen könnte. Achten Sie auf unterschiedliche

Erst aus der Luft offenbarte sich, wie wunderschön dieser Flusslauf wirklich ist (wenn Sie genau hinsehen, können Sie auch mein Auto entdecken).

◀ Ein weit verzweigter Flusslauf im Hochland, aufgenommen mit leicht gekippter Drohnenkamera.

Derselbe Flusslauf, nur mit direkt nach unten gerichteter Drohnenkamera aufgenommen – ein vollkommen anderer Anblick. ▶

Farben und Farbkleckse in der Natur. Besonders interessant können Flussläufe oder Seen sein, die von Gras oder Schilf umwachsen sind. Versuchen Sie in solchen Fällen immer auch eine Aufnahme direkt nach unten in Richtung Boden zu machen. Auf diese Weise lassen sich die Strukturen von Flüssen besonders gut einfangen.

Wollen Sie nach geeigneten Locations suchen, empfehle ich Ihnen ein Blick in Google Maps oder Google Earth. Hier haben Sie die perfekte Möglichkeit, schon vorab einen Blick aus der Drohnenperspektive auf die Landschaft in Ihrem Zielgebiet zu werfen.
So können Sie wunderbar vorab nach geeigneten Locations suchen, die sich für die Drohnenfotografie eignen.

Ein Blick von oben auf das Kerlingarfjöll mit seinen verzweigten Flussläufen.

Das Kerlingarfjöll mit leicht gekippter Kamera. Durch diese etwas andere Perspektive wirkt das Motiv völlig neu.

Ð

Þ